CJELOVITA KUHARICA ŠKOLJKI

Od mora do tanjura: Sveobuhvatna avantura sa školjkama

Lara Jurić

Materijal autorskih prava ©2024

Sva prava pridržana

Nijedan dio ove knjige ne smije se koristiti ili prenositi u bilo kojem obliku ili na bilo koji način bez odgovarajućeg pisanog pristanka izdavača i vlasnika autorskih prava, osim kratkih citata korištenih u recenziji. Ovu knjigu ne treba smatrati zamjenom za medicinske, pravne ili druge stručne savjete.

SADRŽAJ

SADRŽAJ 3

UVOD 7

JASTOG 8

   1. Jastog Benedict 9
   2. Omlet od jastoga 11
   3. Tost s jastogom i avokadom 13
   4. Burrito za doručak od jastoga 15
   5. Fritata od jastoga i špinata 17
   6. Kukuruzne palačinke i hrpa jastoga 19
   7. Vafli od jastoga 22
   8. Jastog jaja punjena salatom 25
   9. Ravioli od jastoga i rakova 27
  10. Popečci od jastoga 30
  11. Umak od fondueaod jastoga 32
  12. Nachos od jastoga 34
  13. Surfanje i travnjak na štapu 36
  14. Ceviche od jastoga 38
  15. Kobasica od jastoga 40
  16. Rep jastoga s tropskim voćem na žaru 42
  17. Pita od jastoga 44
  18. Rolada od jastoga 46
  19. Sir na žaru od rakova i jastoga 48
  20. Jastog Newburg 50
  21. Thermidor jastog od kurkume u umaku 52
  22. Repovi jastoga iz peći na drva 54
  23. Jastog kantonski 56
  24. Repovi jastoga premazani citrusima 58
  25. Crni čaj od ličija dimljeni jastog 60
  26. Rižoto od curry jastoga 62
  27. Mac i sir od jastoga 65
  28. Lazanje od jastoga i škampa 68

29. TEPSIJA S REZANCIMA OD JASTOGA 71
30. TEPSIJA OD PLODOVA MORA 74
31. LEPTIR TJESTENINA S JASTOGOM I ARTIČOKAMA 76
32. RAVIOLI OD ŠKOLJKI U JUHI OD ŠAFRANA 78
33. GULAŠ OD KINESKOG JASTOGA 81
34. BISKVIT OD JASTOGA I RAJČICE 84
35. GLJIVE I JASTOG 86
36. SALATA OD JASTOGA I MANGA 88
37. CEZAR SALATA OD JASTOGA 90
38. ŠIFONADA OD JASTOGA 92
39. TABULE OD JASTOGA S BOSILJKOM 94

KOZICE 97

40. BOUILLABAISSE ZALOGAJI 98
41. LINGUINE I ŠKAMPI OD ŠKAMPA 100
42. ŠKAMPI A LA PLANCHA PREKO TOSTA SA ŠAFRANOM ALLIOLI 102
43. BOMBAJSKI GRDOBINA 105
44. PILETINA, ŠKAMPI I CHORIZO PAELLA 107
45. MINTY ZALOGAJI ŠKAMPA 110
46. KIVI I S ŠKAMPI 112
47. ZAČINSKI KOZJI SIR I PRŠUT OD KOZICA 114
48. NJOKETI SA ŠKAMPIMA I PESTOM 116
49. AKADIJSKE KOKICE 119
50. RAŽNJIĆI S PLODOVIMA MORA GLAZIRANI JABUKAMA 121
51. SALATE OD ŠPINATA OD KOZICA 123
52. SOUFFLE OD KOZICA 125
53. CEVICHE PERUANO 127
54. CHEDDAR FONDUE S UMAKOM OD RAJČICE 129
55. ZAČINJENI UMAK OD ŠKAMPA I SIRA 131
56. PATKA GUMBO 133
57. PATČJI CURRY S ANANASOM 136
58. BBQ PAČJI CURRY S LIČIJEM 139
59. CEVICHE OD ŠKOLJKI NA ŽARU 142
60. ZDJELICE ZA PROLJETNE ROLADE OD TIKVICA 144
61. SALATA OD KVINOJE I ŠKAMPA 146
62. MAMURNI ŠKAMPI 148
63. PINWHEEL ROLICE OD ŠKAMPA 150

64. Tjestenina sa šampinjonima i šampinjonima od sira 153
65. Pesto škampi sa sirom i tjesteninom 155

RAK 157

66. Muffini od rakova 158
67. Pogačice od rakova 160
68. Umak od plodova mora 162

KAMENICE 164

69. Kroketi od kamenica 165
70. Bruskete od kamenica i rajčice 167
71. Oyster Sushi Svitaks 169
72. Crostini s kamenicama i plavim sirom 171
73. Cajun prženi škampi i kamenice 173
74. Pržene kamenice 175
75. Ceviche od kamenica i habanera 177
76. Zalogaji od slanine i kamenica 179
77. Kamenice i kavijar 181
78. Proljetne rolice od kamenica 183
79. Tempura pržene kamenice 185
80. Classic Oysters Rockefeller 188
81. Strijelci kamenica 190
82. Predjela umotana u kamenice i slaninu 192
83. Začinjeni umak od kamenica 194
84. Kanapei od kamenica i krastavaca 196
85. Salsa tostadas od kamenica i manga 198
86. Kamenice i Pesto Crostini 200
87. Jalapeño poppers od kamenica i slanine 202
88. Guacamole od kamenica i manga 204
89. Gljive punjene kamenicama i kozjim sirom 206

ŠKOLJKE 208

90. Školjka dip 209
91. Pečene punjene školjke 211
92. Popečci od školjki iz konzerve 213
93. Kuglice od školjki 215

JAKOBOVE KAPICE 217

94. Ceviche od lovorovih jakobovih kapica 218
95. Jakobove kapice od bourbon slanine 220
96. Karamelizirane morske kapice 222

RAKOVI 224

97. Cajun-Stil Crayfish Kuhati 225
98. Rakovi s maslacem od češnjaka 227
99. Tjestenina od rakova 229
100. Etouffee od rakova 231

ZAKLJUČAK 233

UVOD

Dobro došli u "Cjelovita Kuharica Školjki", vaš sveobuhvatni vodič kroz avanturu sa školjkama koja vas vodi od mora do tanjura. Ova kuharica slavi raznolik i sladak svijet školjkaša, pozivajući vas da istražite blagodat oceana i stvorite kulinarska remek-djela koja prikazuju bogate okuse ovih podvodnih blaga. Pridružite nam se na putovanju koje nadilazi poznato, omogućujući vam da kušate morske delicije na razne uzbudljive i ukusne načine.

Zamislite stol ukrašen platama sočnih kamenica, savršeno pečenim škampima i dekadentnim jelima od jastoga—sve stručno pripremljeno kako bi se istaknule jedinstvene kvalitete svake vrste školjkaša. " Cjelovita Kuharica Školjki " više je od puke zbirke recepata; to je istraživanje tehnika, okusa i kulinarskih mogućnosti koje nude školjke. Bez obzira jeste li ljubitelj morskih plodova ili želite proširiti svoje kulinarske horizonte, ovi su recepti osmišljeni kako bi vas nadahnuli da napravite nezaboravna i ukusna jela s blagom mora.

Od klasičnih priprema do inovativnih zaokreta u omiljenim školjkama, svaki recept je slavlje slanih, slatkih i slanih okusa koji definiraju ove oceanske užitke. Bez obzira organizirate li gozbu s plodovima mora ili uživate u mirnom obroku kod kuće, ova kuharica vaš je izvor za svladavanje umjetnosti pripreme školjki.

Pridružite nam se dok zaranjamo u dubine oceana, gdje je svaka kreacija svjedočanstvo raznolikog i dražesnog svijeta školjkaša. Dakle, navucite pregaču, prigrlite svježinu mora i krenimo na okusno putovanje kroz "Kuharicu sa školjkama."

JASTOG

1.Jastog Benedict

SASTOJCI:
- 1 rep jastoga, kuhan i narezan na kockice
- 2 engleska muffina, podijeljena i tostirana
- 4 jaja
- ½ šalice holandskog umaka
- Posolite i popaprite po ukusu
- Svježi vlasac za ukras

UPUTE:
a) U maloj zdjeli umutite jaja i začinite solju i paprom.
b) Zagrijte neprijanjajuću tavu na srednje jakoj vatri i otopite malo maslaca. Ulijte tučena jaja u tavu i miksajte dok ne budu pečena do željene spremnosti.
c) Za to vrijeme u posebnoj tavi zagrijte meso jastoga narezano na kockice.
d) Za sastavljanje stavite tostiranu polovicu engleskog muffina na tanjur, na vrh stavite kajganu, a zatim zagrijano meso jastoga.
e) Pokapajte holandski umak preko jastoga i ukrasite svježim vlascem.
f) Ponovite za preostale polovice engleskih muffina.
g) Poslužite odmah.

2.Omlet od jastoga

SASTOJCI:
- 1 rep jastoga, kuhan i narezan na kockice
- 4 jaja
- ¼ šalice paprike narezane na kockice
- ¼ šalice luka narezanog na kockice
- ¼ šalice nasjeckanog cheddar sira
- Posolite i popaprite po ukusu
- Svježi peršin za ukras

UPUTE:
a) U zdjeli umutite jaja i začinite solju i paprom.
b) Zagrijte tavu koja se ne lijepi na srednje jakoj vatri i dodajte malo ulja ili maslaca.
c) Pirjajte na kockice narezanu papriku i luk dok ne omekšaju.
d) Ulijte umućena jaja u tavu i miješajte da se ravnomjerno rasporede.
e) Kuhajte dok se rubovi ne počnu stvrdnjavati, a zatim pospite kockice jastoga i nasjeckani cheddar sir po polovici omleta.
f) Drugom polovicom omleta preklopiti nadjev.
g) Nastavite kuhati dok se jaja potpuno ne stvrdnu i dok se sir ne otopi.
h) Omlet stavite na tanjur i ukrasite svježim peršinom.

3. Tost s jastogom i avokadom

SASTOJCI:
- 1 rep jastoga, kuhan i narezan na kockice
- 2 kriške kruha, tostirane
- 1 zreli avokado, narezan na ploške
- Sok od ½ limuna
- Posolite i popaprite po ukusu
- Pahuljice crvene paprike (po želji)
- Svježi cilantro za ukras

UPUTE:
a) U maloj zdjeli zgnječite avokado s limunovim sokom, soli i paprom.
b) Pasirani avokado ravnomjerno rasporedite po prepečenim kriškama kruha.
c) Nadjenite svaku krišku mesom jastoga narezanim na kockice.
d) Po želji pospite listićima crvene paprike i ukrasite svježim cilantrom.
e) Poslužite odmah.

4.Burrito za doručak od jastoga

SASTOJCI:
- 1 rep jastoga, kuhan i narezan na kockice
- 4 velika jaja
- ¼ šalice rajčice narezane na kockice
- ¼ šalice luka narezanog na kockice
- ¼ šalice naribanog Monterey Jack sira
- Posolite i popaprite po ukusu
- Tortilje od brašna
- Salsa i kiselo vrhnje za posluživanje

UPUTE:
a) U zdjeli umutite jaja i začinite solju i paprom.
b) Zagrijte tavu koja se ne lijepi na srednje jakoj vatri i dodajte malo ulja ili maslaca.
c) Pirjajte rajčice narezane na kockice i luk dok ne omekšaju.
d) Ulijte tučena jaja u tavu i miksajte dok se ne skuhaju.
e) U tavu dodajte meso jastoga narezano na kockice i naribani sir Monterey Jack, miješajući dok se sir ne otopi.
f) Zagrijte tortilje od brašna u posebnoj tavi ili mikrovalnoj pećnici.
g) Žlicom stavite smjesu jastoga i jaja na svaku tortilju, zatim preklopite sa strane i čvrsto smotajte.
h) Buritose za doručak poslužite sa salsom i kiselim vrhnjem sa strane.

5.Fritata od jastoga i špinata

SASTOJCI:
- 1 rep jastoga, kuhan i narezan na kockice
- 6 velikih jaja
- 1 šalica svježih listova špinata
- ¼ šalice luka narezanog na kockice
- ¼ šalice crvene paprike narezane na kockice
- ¼ šalice ribanog parmezana
- Posolite i popaprite po ukusu
- Listovi svježeg bosiljka za ukras

UPUTE:
a) Zagrijte pećnicu na 350°F (175°C).
b) U zdjeli umutite jaja i začinite solju i paprom.
c) Zagrijte tavu za pećnicu na srednje jakoj vatri i dodajte malo ulja ili maslaca.
d) Pirjajte luk narezan na kockice i crvenu papriku dok ne omekšaju.
e) Dodajte svježe listove špinata u tavu i kuhajte dok ne uvenu.
f) Ulijte umućena jaja u tavu, pustite da popune razmake između povrća.
g) Dodajte meso jastoga narezano na kockice ravnomjerno kroz fritaju.
h) Po vrhu pospite naribani parmezan.
i) Prebacite tavu u prethodno zagrijanu pećnicu i pecite oko 15-20 minuta ili dok se fritaja ne stegne, a sir otopi i lagano zapeče.
j) Izvadite iz pećnice i pustite da se malo ohladi prije rezanja.
k) Ukrasite listićima svježeg bosiljka i poslužite toplo.

6.Kukuruzne palačinke i hrpa jastoga

SASTOJCI:
ZA KUKURUZNE PALAČINKE:
- 1 šalica kukuruznih zrna (svježih ili smrznutih)
- 1 šalica višenamjenskog brašna
- 1 šalica mlijeka
- 2 velika jaja
- 2 žlice otopljenog maslaca
- ½ žličice soli
- Sprej za kuhanje ili dodatni maslac za podmazivanje posude

ZA NADJEV OD JASTOGA:
- 2 repa jastoga, kuhana i odstranjena
- ¼ šalice majoneze
- 1 žlica soka od limuna
- 1 žlica nasjeckanog svježeg vlasca
- Posolite i popaprite po ukusu

ZA SASTAVLJANJE I UKRAŠAVANJE:
- Miješana zelena salata
- kriške limuna
- Svježi vlasac ili peršin (za ukras)

UPUTE:

a) U blenderu ili procesoru hrane pomiješajte zrna kukuruza, brašno, mlijeko, jaja, otopljeni maslac i sol. Miješajte dok ne dobijete glatku smjesu. Ostavite tijesto da odstoji oko 10 minuta.

b) Zagrijte neprijanjajuću tavu ili tavu za palačinke na srednje jakoj vatri. Posudu lagano namastite sprejom za kuhanje ili maslacem.

c) Ulijte otprilike ¼ šalice tijesta za kukuruznu palačinku u tavu i vrtite ga okolo da ravnomjerno obložite dno. Kuhajte 1-2 minute dok se rubovi ne počnu podizati, a dno ne postane lagano zlatno. Okrenite palačinku i kuhajte još 1-2 minute.

d) Izvadite palačinku iz tave i ostavite je sa strane. Ponovite postupak s preostalim tijestom, praveći dodatne palačinke.

e) U zdjeli pomiješajte kuhano meso jastoga, majonezu, limunov sok, nasjeckani vlasac, sol i papar. Dobro izmiješajte dok se meso jastoga ne prekrije preljevom.

f) Za sastavljanje hrpe stavite jednu kukuruznu palačinku na tanjur za posluživanje. Ravnomjerno rasporedite sloj nadjeva od jastoga preko palačinke.

g) Prelijte drugom palačinkom i ponavljajte postupak dok ne potrošite sve palačinke i nadjev od jastoga. Završite palačinkom na vrhu.

h) Ukrasite hrpu miješanom zelenom salatom, kriškama limuna i svježim vlascem ili peršinom.

i) Snop jastoga narežite na kriške i poslužite kao glavno jelo ili elegantno predjelo.

7.Vafli od jastoga

SASTOJCI:
ZA JASTOG:
- 2 repa jastoga
- 2 žlice maslaca
- Posolite i popaprite po ukusu

ZA VAFLE:
- 2 šalice višenamjenskog brašna
- 2 žličice praška za pecivo
- ½ žličice soli
- 2 žlice granuliranog šećera
- 2 velika jaja
- 1 ½ šalice mlijeka
- ⅓ šalice biljnog ulja
- Sprej za kuhanje ili dodatni maslac za podmazivanje kalupa za vafle

ZA POSLUŽIVANJE:
- javorov sirup
- Svježi vlasac ili peršin nasjeckani (po želji)

UPUTE:

a) Zagrijte pećnicu na 375°F (190°C). Repove jastoga stavite na lim za pečenje i premažite ih otopljenim maslacem. Posolite i popaprite.

b) Pecite repove jastoga oko 12-15 minuta, ili dok meso ne postane neprozirno i kuhano. Izvadite ih iz pećnice i ostavite da se ohlade nekoliko minuta.

c) Nakon što se repovi jastoga dovoljno ohlade za rukovanje, izvadite meso iz ljuski i nasjeckajte ga na komade veličine zalogaja. Staviti na stranu.

d) U velikoj zdjeli za miješanje pomiješajte brašno, prašak za pecivo, sol i šećer.

e) U posebnoj zdjeli umutite jaja. Dodajte mlijeko i biljno ulje i miješajte dok se dobro ne sjedini.

f) Ulijte mokre sastojke u zdjelu sa suhim sastojcima. Miješajte dok se ne sjedini. Pazite da ne premiješate; nekoliko grudica je u redu.

g) Zagrijte pekač za vafle prema uputama. Peglu lagano namažite sprejom za kuhanje ili maslacem.

h) Ulijte tijesto za vafle na prethodno zagrijanu glačalo, koristeći preporučenu količinu za vaš specifični pekač za vafle. Zatvorite poklopac i kuhajte vafle dok ne porumene i postanu hrskavi.

i) Kuhane vafle izvadite iz pegle i držite ih na laganoj pećnici dok pečete preostale vafle.

j) Za sastavljanje stavite vafl na tanjur i pokrijte ga obilnim dijelom nasjeckanog mesa jastoga. Prelijte javorovim sirupom i po želji pospite svježim vlascem ili peršinom.

k) Poslužite vafle od jastoga odmah dok su topli i uživajte u kombinaciji slanog jastoga i hrskavih vafla.

8.Jastog jaja punjena salatom

SASTOJCI:
- 6 tvrdo kuhanih jaja
- ½ funte kuhanog mesa jastoga, nasjeckanog
- ¼ šalice majoneze
- 1 žlica soka od limuna
- 1 žlica nasjeckanog svježeg vlasca
- ¼ žličice Dijon senfa
- Posolite i popaprite po ukusu
- Paprika (za ukras)
- Svježi vlasac (za ukras)

UPUTE:
a) Tvrdo kuhana jaja prepolovite po dužini. Pažljivo izvadite žumanjke i stavite ih u zdjelu.
b) Žumanjke zgnječite vilicom dok ne postanu mrvičasti. U zdjelu dodajte nasjeckano meso jastoga, majonezu, limunov sok, nasjeckani vlasac, dijon senf, sol i papar. Dobro izmiješajte dok se svi sastojci ne sjedine i smjesa postane kremasta.
c) Žlicom stavljajte smjesu za salatu od jastoga u izdubljene polovice bjelanjaka, ravnomjerno ih rasporedite.
d) Pospite malo paprike preko svakog punjenog jajeta za šarenilo boje i dodatni okus.
e) Svako punjeno jaje ukrasite malom grančicom svježeg vlasca.
f) Ohladite jaja punjena salatom od jastoga najmanje 30 minuta kako bi se okusi stopili.
g) Punjena jaja poslužite ohlađena kao predjelo ili međuobrok. Mogu se složiti na pladanj ili pojedinačne tanjure za posluživanje.

9.Ravioli od jastoga i rakova

SASTOJCI:
ZA TJESTENO:
- 2 šalice višenamjenskog brašna
- 3 velika jaja
- ½ žličice soli

ZA NADJEV:
- ½ funte kuhanog mesa jastoga, nasjeckanog
- ½ funte kuhanog mesa rakova, nasjeckanog
- ½ šalice ricotta sira
- ¼ šalice ribanog parmezana
- ¼ šalice nasjeckanog svježeg peršina
- 2 žlice nasjeckane ljutike
- 2 češnja češnjaka, mljevena
- 1 žlica soka od limuna
- ½ žličice soli
- ¼ žličice crnog papra

ZA UMAK:
- 4 žlice neslanog maslaca
- 2 češnja češnjaka, mljevena
- 1 žlica nasjeckanog svježeg peršina
- 1 žlica soka od limuna
- Posolite i popaprite po ukusu

UPUTE:
a) Pripremite tijesto za tjesteninu tako da napravite udubinu u sredini brašna na čistoj radnoj površini. Jaja razbijte u jamicu i dodajte sol. Vilicom umutite jaja i polako dodajte brašno dok ne dobijete tijesto. Mijesite tijesto oko 5 minuta dok ne bude glatko i elastično. Zamotajte ga u plastičnu foliju i ostavite da odstoji 30 minuta.
b) U zdjeli za miješanje pomiješajte nasjeckano meso jastoga, meso rakova, ricotta sir, parmezan, nasjeckani peršin, ljutiku, mljeveni češnjak, limunov sok, sol i crni papar. Dobro izmiješajte dok se svi sastojci ne ujednače. Staviti na stranu.
c) Tijesto za tjesteninu podijelite na četiri dijela. Uzmite jedan dio, a ostatak pokrijte da se ne osuši. Razvaljajte tijesto pomoću stroja za tjesteninu ili valjkom dok ne postane tanko i glatko. Izrežite tijesto na pravokutne listove, otprilike 3x5 cm.
d) Stavite žlicu nadjeva od jastoga i rakova na sredinu svakog lista tjestenine. Premažite rubove lima vodom, a zatim preklopite preko nadjeva da dobijete pravokutnik. Čvrsto pritisnite rubove kako biste zatvorili raviole.
e) Zakuhajte veliki lonac posoljene vode. Raviole pažljivo spustite u kipuću vodu i kuhajte oko 3-4 minute ili dok ne isplivaju na površinu. Kuhane raviole izvadite šupljikavom žlicom i prebacite na tanjur.
f) U velikoj tavi otopite maslac na srednjoj vatri. Dodajte mljeveni češnjak i kuhajte dok ne zamiriše, oko 1 minutu. Umiješajte nasjeckani peršin i limunov sok. Začinite solju i paprom po ukusu.
g) Kuhane raviole stavite u tavu s umakom i lagano ih promiješajte da se ravnomjerno oblože. Kuhajte još jednu minutu kako bi se okusi stopili.
h) Poslužite raviole od jastoga i rakova vruće, po želji ukrašene dodatnim parmezanom i svježim peršinom.

10.Popečci od jastoga

SASTOJCI:
- 1 šalica nasjeckanog jastoga
- 2 jaja
- ½ šalice mlijeka
- 1¼ šalice brašna
- 2 žličice praška za pecivo
- Posolite i popaprite po ukusu

UPUTE:
a) Zagrijte duboku masnoću dok kockica kruha ne porumeni za šezdeset sekundi. Dok se mast zagrijava, umutite jaja dok ne posvijetle.

b) Dodajte mlijeko i brašno prosijano s praškom za pecivo, solju i paprom, pa umiješajte nasjeckanog jastoga.

c) Ubacivati po žličicu u masnoću i pržiti dok ne porumene. Ocijedite na smeđem papiru u toploj pećnici.

d) Poslužite s brzim umakom od limuna.

11. Umak od fonduea od jastoga

SASTOJCI:
- 2 žlice maslaca ili margarina
- 2 šalice nasjeckanog cheddar sira
- ¼ žličice umaka od crvene paprike
- ⅓ šalice suhog bijelog vina
- 5 unci jastoga narezanog na male komadiće

UPUTE:

a) U tavi na laganoj vatri otopite maslac. Postupno dodajte i miješajte sir dok se sir ne otopi.

b) Dodajte umak od crvene paprike; polako dodajte vino, miješajući dok smjesa ne postane glatka. Dodajte jastoga; miješati dok se ne zagrije.

12.Nachos od jastoga

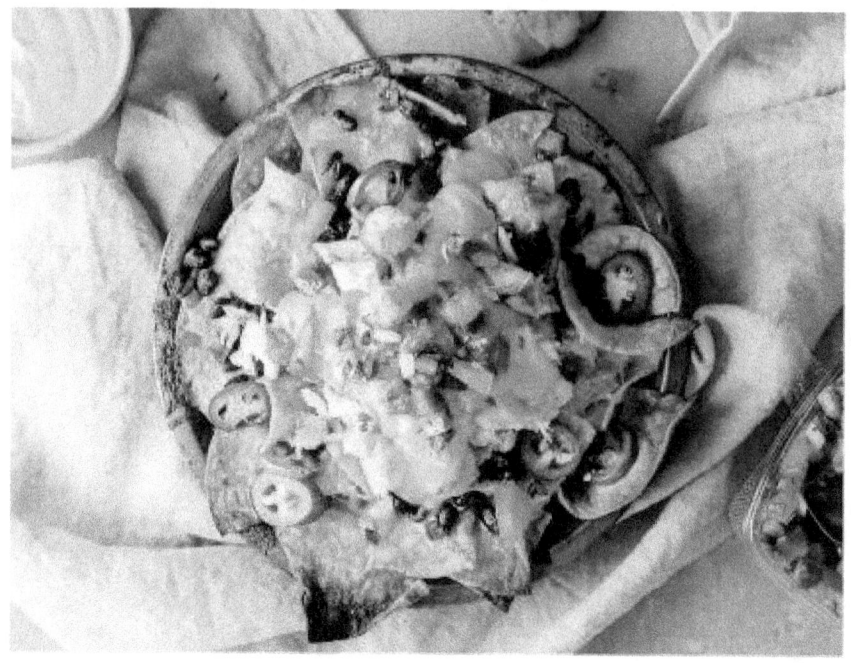

SASTOJCI:
- 1 funta kuhanog mesa jastoga, nasjeckanog
- 1 žlica maslaca
- 1 žlica brašna
- 1 šalica mlijeka
- Sol i papar
- Tortilja čips
- 1 šalica naribanog Monterey Jack sira
- Sjeckani svježi peršin

UPUTE
a) Zagrijte pećnicu na 350°F.
b) U loncu na srednjoj vatri otopite maslac i pjenasto umiješajte brašno. Kuhajte 1-2 minute.
c) Postupno umiješajte mlijeko dok ne postane glatko. Posolite i popaprite.
d) Rasporedite tortilja čips na lim za pečenje i pospite nasjeckanim mesom jastoga i naribanim sirom.
e) Prelijte umak preko nachosa i pecite u pećnici 8-10 minuta, ili dok se sir ne otopi i postane mjehurić.
f) Ukrasite nasjeckanim peršinom.

13. Surfanje i travnjak na štapu

SASTOJCI:
- 1 lb jastoga (prethodno kuhanog i kuhanog na pari)
- 1 lb odreska (sirovog)
- crvena paprika (sirova)
- štap za logorsku vatru

UPUTE:
a) Jednostavno pecite na vatri kao što biste ispekli marshmallow i uživajte u najsvježijem, najsočnijem surfanju i travnjaku ikada!

14. Ceviche od jastoga

SASTOJCI:
- 2 repa jastoga
- 6 romskih rajčica
- ½ ljubičastog luka narezanog na kockice
- 1 jalapeno narezan na kockice
- 1 krastavac nasjeckan
- 1 vezica nasjeckanog cilantra
- 3 limete ocijeđene
- 1 žličica soli
- 1 žličica soli češnjaka
- 1 žličica tajin ljutog začina
- ½ juhe od jastoga

UPUTE:
a) Započnite kuhanjem repova jastoga u kipućoj vodi oko 6 minuta.
b) Odmah uronite u ledenu kupku. Kad se ohlade nasjeckajte ih na sitno. Sačuvajte ½ šalice temeljca i stavite u zamrzivač da se ohladi.
c) Počnite rezati sve sastojke i dodajte nasjeckanom jastogu.
d) Iscijedite sve limete na ceviche,
e) Dodajte začine i temeljac od jastoga.
f) Provjerite začine i prilagodite svom ukusu.
g) Poslužite preko tostada školjki, s čipsom ili krekerima.
h) Možete ga nadjenuti svježim avokadom.

15. Kobasica od jastoga

SASTOJCI:
- Mala svinjska crijeva od 4 stope
- 1½ funte filea bijele ribe, narezanog na kocke
- ½ žličice mljevenog sjemena gorušice
- ½ žličice mljevenog korijandera
- 1 žličica paprike
- 1 žličica soka od limuna
- ½ žličice bijelog papra
- 1 jaje, tučeno
- ½ funte krupno nasjeckanog mesa jastoga

UPUTE:
a) Pripremite crijeva. Pusirajte ribu u multipraktiku dok se ne slomi, 3-4 puta. Dodajte senf, korijander, papriku, limunov sok, papar i jaje.
b) Procesirajte dok se ne sjedini. Stavite smjesu u zdjelu za miješanje i dodajte meso jastoga; dobro izmiješati.
c) Napunite kućišta i odvrnite ih u karike od 3-4".

16.Rep jastoga s tropskim voćem na žaru

SASTOJCI:
- 4 bambusova ili metalna ražnja
- ¾ zlatnog ananasa, oguljenog, očišćenog od koštice i narezanog na kriške od 1 inča
- 2 banane, oguljene i poprečno izrezane na osam komada od 1 inča
- 1 mango, oguljen, bez koštica i narezan na kockice od 1 inča
- 4 repa kamenog jastoga ili velikog Maine jastoga
- ¾ šalice slatke glazure od soje
- šalica maslaca, otopljena
- 4 kriške limete

UPUTE:
a) Ako pečete na roštilju s bambusovim ražnjićima, potopite ih u vodu najmanje 30 minuta. Zapalite roštilj za izravnu umjerenu toplinu, oko 350¼F.
b) Naizmjenično nabodite komadiće ananasa, banane i manga na ražnjiće, koristeći otprilike 2 komada svakog voća po ražnju.
c) Repove jastoga oblikujte leptirom tako da svaki rep rascijepite po dužini kroz zaobljenu gornju školjku i meso, ostavljajući ravnu donju školjku netaknutom. Ako je ljuska jako tvrda, kuhinjskim škarama prerežite zaobljenu ljusku i nožem prerežite meso.
d) Lagano otvorite rep kako biste otkrili meso.
e) Glazurom od soje lagano premažite voćne ražnjiće i meso jastoga. Rešetku roštilja premažite četkom i premažite uljem. Stavite repove jastoga, mesom prema dolje, izravno na vatru i pecite ih dok se lijepo ne ocrtaju, 3 do 4 minute. Spatulom ili hvataljkama utisnite repove na rešetku roštilja kako biste lakše zapekli meso. Okrenite i pecite na roštilju dok meso ne postane čvrsto i bijelo, podlijevajući glazurom od soje, još 5 do 7 minuta.
f) U međuvremenu pecite voćne ražnjiće uz jastoga dok ne dobiju lijepe oznake, oko 3 do 4 minute po strani.
g) Poslužite s otopljenim maslacem i kriškama limete za cijeđenje.

17. Pita od jastoga

SASTOJCI:
- 6 žlica maslaca
- 1 šalica nasjeckanog luka
- ½ šalice nasjeckanog celera
- Sol; okusiti
- Svježe mljeveni bijeli papar; okusiti
- 6 žlica brašna
- 3 šalice plodova mora ili pilećeg temeljca
- 1 šalica mlijeka
- 2 šalice krumpira narezanog na kockice; blanširan
- 1 šalica mrkve narezane na kockice; blanširan
- 1 šalica slatkog graška
- 1 šalica pečene šunke narezane na kockice
- 1 funta mesa jastoga; kuhano, narezano na kockice
- ½ šalice vode
- ½ Recept Kora za pitu, razvaljana na veličinu tepsije

UPUTE:
a) Zagrijte pećnicu na 375 stupnjeva. Namastite staklenu pravokutnu posudu za pečenje. U velikoj tavi za pirjanje otopite maslac. Dodajte luk i celer i pirjajte 2 minute. Posolite i popaprite.
b) Umiješajte brašno i kuhajte oko 3 do 4 minute za plavu boju. Umiješajte temeljac i pustite da tekućina zavrije.
c) Smanjite na laganoj vatri i nastavite kuhati 8 do 10 minuta, ili dok se umak ne počne zgušnjavati.
d) Umiješajte mlijeko i nastavite kuhati 4 minute. Posolite i popaprite. Maknite s vatre. Umiješajte krumpir, mrkvu, grašak, šunku i jastoga.
e) Posolite i popaprite. Nadjev dobro izmiješajte. Ako je fil pregust dodati malo vode da se razrijedi fil. Ulijte nadjev u pripremljenu tepsiju. Na fil staviti koru.
f) Koru koja se preklapa pažljivo ugurajte u tepsiju, oblikujući deblji rub. Rubove tepsije skupite i stavite na lim za pečenje. Oštrim nožem napravite nekoliko proreza na vrhu kore.
g) Stavite posudu u pećnicu i pecite oko 25 do 30 minuta ili dok korica ne porumeni i postane hrskava.
h) Izvadite iz pećnice i ohladite 5 minuta prije posluživanja.

18.Rolada od jastoga

SASTOJCI:
- 4 unce kuhanog i na kockice narezanog mesa jastoga
- 1 pecivo od punog zrna hrenovke
- ¼ šalice celera narezanog na kockice
- ¼ šalice crvenog luka nasjeckanog na kockice
- 1 žlica majoneze
- 1 žlica soka od limuna
- svježe nasjeckani crni papar i sol

UPUTE:
a) U posudi za miješanje pomiješajte kuhano i na kockice narezano meso jastoga, celer narezan na kockice i crveni luk narezan na kockice. Dobro izmiješajte da se sastojci ravnomjerno rasporede.

b) U zasebnoj maloj posudi pomiješajte majonezu, limunov sok, svježe nasjeckani crni papar i sol. Ovo će biti preljev za roladu od jastoga.

c) Prelijte preljev preko smjese jastoga i lagano miješajte dok se svi sastojci ne prekriju preljevom. Prilagodite začine prema svom ukusu.

d) Zagrijte tavu ili rešetku na srednje jakoj vatri. Lagano premažite maslacem vanjsku stranu hrenovke od cjelovitog zrna.

e) Stavite maslacem namazanu lepinju u tavu i tostirajte je dok ne porumeni i malo hrskava izvana. To će roladi od jastoga dati ukusnu teksturu.

f) Nakon što je lepinja tostirana, izvadite je iz tave i otvorite je kao hrenovku, stvarajući džep za nadjev od jastoga.

g) Pripremljenu smjesu od jastoga žlicom stavljajte u lepinju, obilato je puneći. Možete dodati i list zelene salate ili neki drugi dodatak po želji, poput narezanih rajčica ili avokada.

h) Odmah poslužite roladu od jastoga i uživajte u ovoj preslatkoj morskoj poslastici.

19.Sir na žaru od rakova i jastoga

SASTOJCI:
- ½ šalice kuhanog mesa jastoga
- ½ šalice kuhanog mesa rakova
- 2 žlice slanog maslaca, otopljenog
- 1 žličica začina Old Bay
- ½ žličice mljevenog češnjaka
- 4 kriške Texas tost kruha s češnjakom
- 4 debele kriške oštrog cheddar sira
- 4 debele kriške Havarti sira

UPUTE:
a) U veliku zdjelu za miješanje pomiješajte jastoga, rakove, otopljeni maslac, začine Old Bay i češnjak. Dobro izmiješajte, a zatim odložite posudu sa strane.

b) Položite dvije kriške Texas tosta na tanjur, a na svaku stavite krišku cheddara i Havartija. Podijelite smjesu plodova mora na pola i dodajte polovinu svakoj kriški tosta. Pospite plodove mora preostalim sirom i kriškama kruha.

c) Koristite prešu za sendviče ili vruću tavu za pečenje svake strane sendviča dok ne poprimi zlatnosmeđu boju i dok se sir ne otopi. Poslužite i uživajte!

20.Jastog Newburg

SASTOJCI:
- 1 lb mesa jastoga, kuhanog i nasjeckanog
- 4 žlice neslanog maslaca
- 4 žlice višenamjenskog brašna
- 1 šalica mlijeka
- ½ šalice gustog vrhnja
- ¼ šalice suhog šerija
- ½ žličice soli
- ¼ žličice kajenskog papra
- 4 žumanjka umućena
- ¼ šalice nasjeckanog peršina

UPUTE:
a) Otopite maslac u velikom loncu na srednjoj vatri.
b) Umiješajte brašno i kuhajte 1-2 minute uz stalno miješanje.
c) Postupno umiješajte mlijeko i vrhnje, neprestano miješajući, dok smjesa ne postane glatka.
d) Dodajte šeri, sol i kajenski papar i promiješajte da se sjedini.
e) Postupno umiješajte razmućene žumanjke uz stalno miješanje.
f) Smjesu kuhajte na laganoj vatri 3-4 minute, odnosno dok se ne zgusne.
g) Umiješajte nasjeckanog jastoga i peršin.
h) Poslužite vruće na točkama za tost.

21. Thermidor jastog od kurkume u umaku

SASTOJCI:
- 3 žlice neslanih indijskih oraščića, namočenih 10 minuta
- 2 žlice blanširanih badema
- 1 žličica paste od đumbira i češnjaka
- Serrano zeleni čili, bez sjemenki i mljeveni
- 1 šalica umućenog jogurta
- 1½ funte kuhanog mesa jastoga
- 2 žličice bijelog sezama
- 3 žlice pročišćenog maslaca
- ½ žličice crvenog čilija u prahu
- 2 žlice bijelog maka, potopljenog u vodi
- ¼ žličice kurkume u prahu
- 1 štapić cimeta
- 1 mahuna crnog kardamoma, izgnječena
- Kuhinjska sol, po ukusu
- 1 žličica tople mješavine začina
- 1 list lovora
- klinčići
- 1 zelena mahuna kardamoma, izgnječena

UPUTE:
a) Pomiješajte indijske oraščiće, mak, bademe i sjemenke sezama u blenderu s tek toliko vode da dobijete gustu pastu. Stavite sa strane.
b) Zagrijte maslac u tavi.
c) Dodajte štapić cimeta, mahunu crnog kardamoma, lovorov list, klinčiće i mahunu zelenog kardamoma.
d) Dodajte pastu od đumbira i češnjaka, zeleni čili i pastu od orašastih plodova kada začini počnu cvrčati.
e) Dodajte 1 žlicu vode da zaustavite cvrčanje.
f) Dodajte crveni čili u prahu, kurkumu, jogurt, jastoga, sol i mješavinu začina.
g) Dodati jastoga i pržiti uz stalno miješanje dok se jastog dobro ne zagrije.

22. Repovi jastoga iz peći na drva

SASTOJCI:
- 2 repa jastoga s
- 3 žlice maslaca, otopljenog
- 1 žličica soli
- 1 žličica crnog papra
- 1 žličica češnjaka u prahu
- 1 žličica paprike
- 1 žličica svježeg peršina, nasjeckanog
- 1 žličica soka od limuna

UPUTE:
a) Zarežite po sredini vrha ljuske, prema perajama repa, čistim škarama ili kuhinjskim škarama, pazeći da režete u ravnoj liniji. Nemojte rezati kraj repa.
b) Žlicom odvojite meso s obje strane ljuske, a zatim podignite meso i izvadite ga iz ljuske.
c) Stavite meso preko spoja gdje se spajaju dvije školjke, a zatim pritisnite obje strane školjke jednu za drugu.
d) Izrežite mali prorez u sredini mesa jastoga kako biste omogućili da se tanki sloj mesa odlijepi preko rubova. Tako rep jastoga dobiva svoj prepoznatljiv izgled.
e) Pomiješajte maslac, sol, papar, češnjak u prahu, papriku, limunov sok i peršin u maloj zdjeli, a zatim ravnomjerno premažite smjesu preko mesa jastoga.
a) Repove jastoga stavite u posudu od lijevanog željeza i pecite u pećnici na drva 12-15 minuta ili dok nisu potpuno kuhani, ali ne i gumeni.

23.Jastog kantonski

SASTOJCI:
- 1 lb. Repovi jastoga
- 1 režanj češnjaka, samljeven
- 1 čajna žličica fermentirane crne soje, isprane i ocijeđene
- 2 žlice ulja
- ¼ lb. Mljevena svinjetina
- 1 ½ šalice tople vode
- 1 ½ žlice sojinog umaka
- 1 čajna žličica MSG-a (po izboru)
- 2 žlice kukuruznog škroba
- 2 žlice suhog šerija
- 1 jaje
- 2 žlice vode

SERVIRATI
- grančice cilantra
- Kovrče zelenog luka
- Vruća kuhana konjac riža ili riža od cvjetače

UPUTE:
a) Za najbolje rezultate u pripremi ovog atraktivnog kineskog jela skuhajte komade jastoga što je brže moguće. Razmućeno jaje dodano umaku čini ga bogatijim i kremastijim.

b) Oštrim nožem odvojite meso jastoga od oklopa i narežite ga na medaljone. Češnjak i crnu soju sameljite zajedno. Zagrijte ulje u woku ili tavi i dodajte smjesu češnjaka. Kuhajte i miješajte nekoliko sekundi. Dodajte svinjetinu i kuhajte oko 10 minuta, miješajući da se meso razbije. Dodati

c) vruća voda, soja umak i MSG. Dodajte medaljone jastoga i kuhajte 2 minute. Pomiješajte kukuruzni škrob i šeri i umiješajte u umak. Umutite jaje s 3 žlice vode i umiješajte u umak. Kuhajte na laganoj vatri 30 sekundi uz stalno miješanje. Umak treba biti kremast, ali ne težak. Žlicom stavljajte umak na sredinu pladnja. Složiti medaljone u umak u ukrasni uzorak. Ukrasiti

d) s cilantrom i uvojcima zelenog luka. Za svaku porciju stavite nekoliko medaljona jastoga preko Konjac riže u zdjelu.

e) Žlicom prelijte umak preko jastoga.

24. Repovi jastoga premazani citrusima

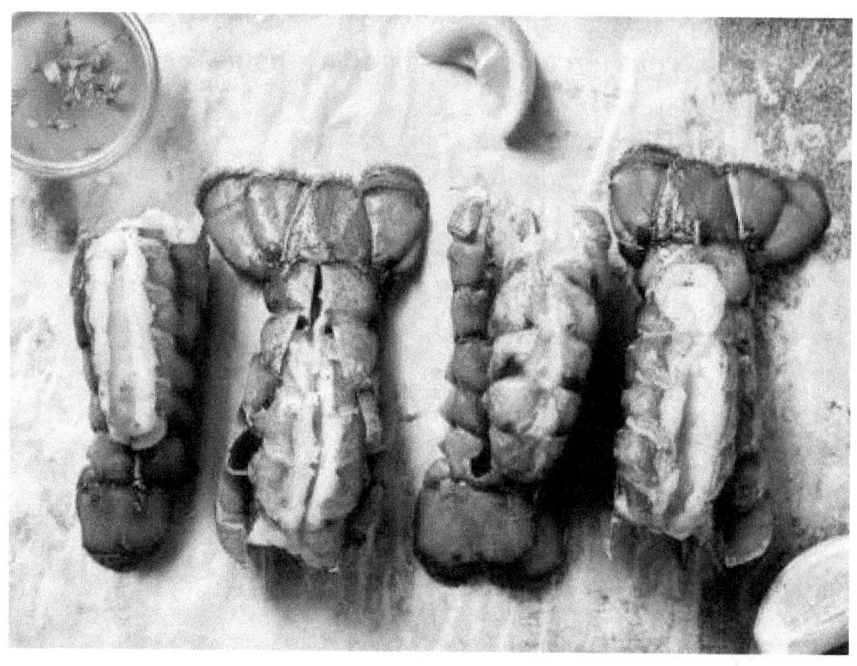

SASTOJCI:
- 16 unci Repovi jastoga , odmrznuti
- ½ šalice vode
- ¼ šalice maslaca ili margarina
- 1 žlica soka od limuna
- ½ žličice Naribana narančina kora
- ⅛ žličice soli
- Dash Mljeveni đumbir
- Crtica Paprika

UPUTE:
a) Raširite repove, u obliku leptira, tako da meso bude na vrhu. Vratiti u plitku posudu za pečenje. Ulijte vodu na vrh. Mikro kuhajte, poklopljeno, na 50% snage 6 do 8 minuta ili samo dok meso ne postane neprozirno, okrećući posudu za četvrtinu kruga svake minute

b) Ostavite poklopljeno stajati 5 minuta

c) U međuvremenu pomiješajte maslac ili margarin, limunov sok, narančinu koricu, sol, đumbir i papriku. Mikro kuhajte, bez poklopca, na 100% snage 1½ do 2 minute ili dok se maslac ne otopi

d) Dobro promiješajte. Repove jastoga prelijte mješavinom maslaca.

25.Crni čaj od ličija dimljeni jastog

SASTOJCI:
- 2 Maine jastozi
- 2 šalice bijela riža
- 2 šalice smeđi šećer
- 2 šalice Čaj od crnog ličija
- 2 Zreli mango
- ½ šalice Jicama palice
- ½ šalice Mint chiffonade
- ½ šalice Šifonada od bosiljka
- 1 šalica Konci mungo graha , blanširani
- Umak od rakova
- 8 Listovi rižinog papira

UPUTE:

a) Prethodno zagrijte duboku hotelsku tavu dok se ne zagrije.

b) Dodajte rižu, šećer i čaj u dublju posudu i odmah na vrh stavite jastoga u plitku perforiranu posudu.

c) Brzo zatvorite aluminijskom folijom. Kad se pušnica počne dimiti, pušite jastoga 10 minuta na laganoj vatri ili dok se ne skuha. Ohladite jastoga pa narežite repove na duge trake.

d) Pomiješajte jicama, metvicu, bosiljak i mahune i prelijte ribljim umakom.

e) Namočite rižin papir u toplu vodu i stavite dio smjese na omekšali papir. Umetnite trakice dimljenog jastoga i kriške manga.

f) Zarolati i ostaviti da odstoji 10 minuta. Pojedinačne rolice čvrsto zamotajte plastičnom folijom kako biste osigurali zadržavanje vlage.

26.Rižoto od curry jastoga

SASTOJCI:
- 2 repa jastoga
- 1 ½ šalice Arborio riže
- 4 šalice juhe od plodova mora ili povrća
- 1 srednja glavica luka, sitno nasjeckana
- 3 češnja češnjaka, nasjeckana
- 2 žlice maslinovog ulja
- 1 žlica curry praha
- 1 šalica suhog bijelog vina
- 1 šalica ribanog parmezana
- 2 žlice maslaca
- Posolite i popaprite po ukusu
- Svježi cilantro ili peršin, nasjeckani (za ukras)

UPUTE:
a) Repove jastoga kuhajte u kipućoj slanoj vodi dok ljuske ne poprime jarkocrvenu boju i dok se meso ne skuha. Meso jastoga izvadite iz oklopa i narežite na komade veličine zalogaja. Staviti na stranu.
b) U velikom loncu zagrijte maslinovo ulje na srednje jakoj vatri. Dodajte nasjeckani luk i nasjeckani češnjak te pirjajte dok luk ne postane proziran i aromatičan.
c) Umiješajte curry prah i kuhajte još minutu da pusti svoj okus.
d) Dodajte Arborio rižu u tavu i promiješajte da se zrna prekriju mješavinom luka, češnjaka i curryja.
e) Ulijte bijelo vino i miješajte dok ga riža ne upije.
f) Počnite dodavati juhu, jednu po jednu kutlaču, neprekidno miješajući i dopuštajući da se svaki dodatak upije prije dodavanja još.
g) Nastavite s ovim postupkom dok riža ne bude kuhana al dente i postane kremasta (ovo obično traje oko 20-25 minuta).
h) Umiješajte naribani parmezan i maslac te začinite solju i paprom po ukusu. Dobro izmiješajte dok se sir i maslac ne otope i uklope u rižoto.
i) Lagano umiješajte kuhano meso jastoga, pazeći da bude ravnomjerno raspoređeno po rižotu. Kuhajte još 2-3 minute dok se jastog ne zagrije.
j) Maknite s vatre i ostavite rižoto da odstoji par minuta.
k) Poslužite rižoto od curry jastoga u zdjelicama, ukrašen svježim cilantrom ili peršinom.

27. Mac i sir od jastoga

SASTOJCI:
- 1 žlica maslinovog ulja
- 3 repa jastoga, prepolovljena po dužini i razdvojena
- 3 žlice maslaca
- 2 žlice brašna
- 1 ½ šalice pola-pola
- ½ šalice mlijeka
- ¼ žličice paprike
- ¼ žličice čilija u prahu
- Posolite po ukusu
- ¼ žličice Worcestershire umaka
- ½ šalice ribanog cheddar sira
- 3 žlice naribanog sira Gruyere
- 1 šalica pripremljenih laktanih makarona
- ½ šalice Panko krušnih mrvica
- ¼ šalice otopljenog maslaca
- 5 žlica ribanog parmezana

UPUTE
a) Zagrijte pećnicu na 400 stupnjeva.
b) Premažite dvije posude za gratiniranje neljepljivim sprejem
c) Zagrijte ulje u tavi i pržite repove jastoga 2 minute na srednjoj vatri.
d) Ostavite jastoge da se ohlade i odvojite meso od ljuski.
e) Meso nasjeckajte i bacite ljuske.
f) Koristite istu tavu da otopite maslac.
g) Napravite zapršku miješajući brašno i nastavite miješati 1 minutu.
h) Ulijte pola-pola i mlijeko te nastavite miješati 3 minute.
i) Pustite da tekućina proključa i dodajte papriku, čili u prahu, sol i Worcestershire umak.
j) Neka lagano kuha 4 minute.
k) Dodajte sireve cheddar i gruyere i miješajte 5 minuta dok se sir ne otopi.
l) Dodajte makarone u umak od sira i lagano umiješajte komadiće jastoga.
m) Obje posude za gratiniranje napunite mješavinom macina i sira.
n) Pomiješajte Panko, otopljeni maslac i parmezan u zdjeli.
o) Pokapajte smjesu preko mac-a i sira.
p) Mac i sir pecite 15 minuta.

28. Lazanje od jastoga i škampa

SASTOJCI:
- 9 rezanaca za lazanje
- 1 funta kuhanog mesa jastoga, nasjeckanog
- 1 funta kuhanih škampa, oguljenih i očišćenih
- 2 žlice maslaca
- ½ šalice nasjeckanog luka
- 2 češnja češnjaka, mljevena
- ¼ šalice višenamjenskog brašna
- 2 šalice mlijeka
- 1 šalica juhe od plodova mora
- 1 šalica naribanog mozzarella sira
- ½ šalice ribanog parmezana
- ¼ šalice nasjeckanog svježeg peršina
- Posolite i popaprite po ukusu

UPUTE:
a) Zagrijte pećnicu na 375°F (190°C) i lagano namastite posudu za pečenje 9x13 inča.
b) Skuhajte rezance za lazanje prema uputama na pakiranju. Ocijedite i ostavite sa strane.
c) U velikoj tavi otopite maslac na srednjoj vatri. Dodajte nasjeckani luk i nasjeckani češnjak, te pirjajte dok ne omekšaju.
d) Pospite brašno preko mješavine luka i češnjaka i kuhajte 1-2 minute uz stalno miješanje. Postupno umiješajte mlijeko i juhu od plodova mora. Nastavite kuhati dok se umak ne zgusne.
e) Umiješajte nasjeckani sir mozzarella i ribani parmezan dok se smjesa ne otopi i postane glatka.
f) U umak dodajte nasjeckano meso jastoga, kuhane škampe i nasjeckani peršin. Začinite solju i paprom po ukusu. Promiješajte da se sjedini.
g) Dno posude za pečenje namažite tankim slojem umaka od plodova mora. Na vrh stavite tri rezanca za lazanje.
h) Preko rezanaca rasporedite sloj mješavine plodova mora. Ponovite slojeve s tri rezanca za lazanje i još mješavine plodova mora.
i) Stavite preostala tri rezanca za lazanje i prelijte preostalim umakom od plodova mora.
j) Po vrhu pospite dodatno ribani parmezan.
k) Prekrijte posudu za pečenje folijom i pecite 25 minuta.
l) Uklonite foliju i pecite dodatnih 10 minuta dok se sir ne otopi i postane mjehurić.
m) Pustite da se ohladi nekoliko minuta prije posluživanja.

29. Tepsija s rezancima od jastoga

SASTOJCI:
- 2 svježa jastoga
- 3 žlice soli
- ½ žličice soli
- 3 žlice maslaca
- 1 ljutika
- 1 žlica paste od rajčice
- 3 češnja češnjaka
- ¼ c. rakija
- ½ c. teška krema
- žličica svježe mljevenog crnog papra
- ½ lb. rezanci od jaja
- 1 žlica svježeg soka od limuna
- 6 grančica timijana

UPUTE:
a) Skuhajte jastoge:
b) Napunite veliku zdjelu do pola ledom i vodom i ostavite sa strane. Zakuhajte veliki lonac s vodom i 3 žlice soli i uronite jastoge, glavom naprijed, u vodu pomoću hvataljki s dugačkom drškom. Smanjite vatru i kuhajte poklopljeno 4 minute. Ocijedite jastoge i stavite ih u pripremljenu ledenu kupelj da se ohlade. Razbijte ljuske i uklonite meso repa i kandži. Rezervirajte školjke. Meso repa narežite na medaljone debljine ½ inča, a meso kandži na velike komade i ostavite sa strane.
c) Pecite složence:
d) Zagrijte pećnicu na 350°F. Lagano premažite četiri posude za pečenje od 1 šalice ili jednu okruglu posudu od 9 inča s 1 žlicom maslaca i ostavite sa strane. Rastopite preostali maslac u srednjoj tavi na srednjoj vatri.
e) Dodajte ljutiku i kuhajte dok ne omekša. Dodajte sačuvane ljuske, pastu od rajčice i češnjak i kuhajte uz neprestano miješanje 5 minuta.
f) Maknite posudu s vatre i dodajte rakiju. Vratite na vatru i zakuhajte smjesu uz neprestano miješanje. Smanjite vatru na srednje nisku, dodajte 1 ½ šalice vode i kuhajte dok se lagano ne zgusne -- oko 15 minuta. Procijedite smjesu i umiješajte vrhnje, preostalu sol i papar.
g) Dodajte rezance s jajima, meso jastoga i limunov sok i pomiješajte. Smjesu ravnomjerno rasporedite po pripremljenim posudama za pečenje, prekrijte folijom i pecite dok se jastog ne skuha i rezanci ne budu vrući -- oko 20 minuta.
h) Ukrasite grančicama timijana i odmah poslužite.

30. Tepsija od plodova mora

SASTOJCI:
- ¼ šalice maslinovog ulja
- 1 funta svježih šparoga, obrezanih i narezanih na komade od 1 inča
- 1 šalica nasjeckanog mladog luka
- 1 žlica mljeveni češnjak
- 16 unci pakiranje. linguine rezanci, kuhani i ocijeđeni
- 1 funta srednjih škampa, kuhanih, oguljenih i očišćenih
- 8 unci mesa rakova, kuhanog
- 8 unci svježeg jastoga, kuhanog
- Limenka od 8 unci crnih maslina, ocijeđenih

UPUTE:
a) Zagrijte pećnicu na 350°. Pošpricajte vatrostalnu posudu od 4 litre neljepljivim sprejom za kuhanje. U tavu na srednjoj vatri dodajte maslinovo ulje.
b) Kad se ulje zagrije, dodajte šparoge, mladi luk i češnjak. Pirjajte 5 minuta.
c) Maknite tavu s vatre i dodajte povrće i maslinovo ulje u vatrostalnu posudu.
d) Dodajte linguine rezance, rakove, jastoga i crne masline u vatrostalnu posudu.
e) Miješajte dok se ne sjedini. Pecite 30 minuta ili dok se lonac ne zagrije.
f) Izvadite iz pećnice i poslužite.

31. Leptir tjestenina s jastogom i artičokama

SASTOJCI:
- 8 unci leptir tjestenine
- 2 repa jastoga, kuhana i odstranjena
- 1 šalica srca artičoke, ocijeđena i nasjeckana
- 2 žlice maslaca
- 2 češnja češnjaka, mljevena
- ½ šalice pileće ili povrtne juhe
- ½ šalice gustog vrhnja
- ¼ šalice ribanog parmezana
- 1 žlica svježeg soka od limuna
- Posolite i popaprite po ukusu
- Svježi peršin, nasjeckani (za ukras)

UPUTE:
a) Skuhajte leptir tjesteninu prema uputama na pakiranju dok ne bude al dente. Ocijedite i ostavite sa strane.
b) U velikoj tavi otopite maslac na srednjoj vatri. Dodajte nasjeckani češnjak i pirjajte oko minutu dok ne zamiriše.
c) Dodajte srca artičoke u tavu i kuhajte 2-3 minute, povremeno miješajući.
d) Dodajte meso jastoga u tavu i kuhajte još 2 minute, lagano miješajući da se poveže s artičokama.
e) Ulijte pileću ili povrtnu juhu i pustite da lagano kuha. Pustite da kuha nekoliko minuta dok se juha malo ne reducira.
f) Smanjite vatru na nisku i umiješajte vrhnje, parmezan i limunov sok. Začinite solju i paprom po ukusu. Lagano kuhajte 3-4 minute, dopuštajući da se okusi stope.
g) Dodajte kuhanu leptir tjesteninu u tavu i sve zajedno miješajte dok tjestenina nije dobro obložena umakom.
h) Maknite s vatre i ukrasite nasjeckanim peršinom.
i) Leptir tjesteninu s jastogom i artičokama poslužite odmah, dok je još vruća. Možete ga popratiti prilogom salate ili hrskavim kruhom.

32. Ravioli od školjki u juhi od šafrana

SASTOJCI:
- ¾ kilograma mesa jastoga
- 4 jaja
- ¼ šalice gustog vrhnja
- ½ šalice mekih bijelih krušnih mrvica
- ½ žličice soli
- ½ žličice svježe mljevenog bijelog papra
- 2 žlice nasjeckanih svježih listova estragona
- 1 paket Wonton omota
- 4 šalice riblje juhe
- ½ žličice šafranove niti
- 1 mala do srednja rajčica, narezana na kockice
- Nasjeckano svježe začinsko bilje poput estragona ili vlasca

UPUTE:
a) U multipraktik stavite meso jastoga i 3 jaja.
b) Pulsirajte metalnom oštricom dok plodovi mora ne budu grubo nasjeckani. Ostružite stranice.
c) Dodajte vrhnje, krušne mrvice, sol i papar i promiješajte. Nemojte previše obrađivati vrhnje ili će postati zrnato - ili čak postati maslac.
d) Izvadite smjesu u zdjelu i dodajte nasjeckane listove estragona, miješajući ih lopaticom.
e) Položite 1 wonton kožu na dasku. Pomoću slastičarske vrećice ili čajne žličice na sredinu stavite otprilike 1 žličicu nadjeva. U maloj posudi pomiješajte preostalo jaje s 3 žlice vode. Premažite drugu wonton koru smjesom za pranje jaja i položite je preko nadjeva, lagano pritiskajući prstima da uklonite sav zarobljeni zrak i zatvorite rubove wonton kore.
f) Nekuhane raviole možete čuvati u zatvorenoj posudi do 2 dana u hladnjaku ili nekoliko tjedana u zamrzivaču. Za zamrzavanje, položite raviole u jednom sloju na lim obložen voštanim papirom i stavite u zamrzivač dok se ne zamrznu. Zatim se mogu izvaditi i spremiti u slastičarsku vrećicu.
g) U loncu zakuhajte riblju juhu, smanjite vatru i dodajte šafran. Nastavite kuhati 5 minuta dok počnete kuhati raviole.
h) Za kuhanje stavite raviole u kipuću slanu vodu i nastavite kuhati dok ne počnu plutati (oko 2 do 3 minute za svježe raviole, 5 do 6 minuta za smrznute).
i) Ocijedite i podijelite u 4 zdjele. Dodajte ½ šalice riblje juhe u svaku zdjelu, zatim ukrasite s malo rajčice narezane na kockice i nasjeckanim svježim začinskim biljem, poput estragona ili vlasca.
j) Poslužite vruće.

33. Gulaš od kineskog jastoga

SASTOJCI:
- 2 živa jastoga (oko 1,5 funti svaki)
- 2 žlice biljnog ulja
- 2 češnja češnjaka, mljevena
- Komad đumbira od 1 inča, oguljen i nariban
- 1 luk narezan na tanke ploške
- 1 crvena paprika, tanko narezana
- 1 zelena paprika, tanko narezana
- 1 mrkva, tanko narezana
- 1 šalica pileće juhe
- 2 žlice soja umaka
- 1 žlica umaka od kamenica
- 1 žlica kukuruznog škroba, otopljena u 2 žlice vode
- 1 žlica sezamovog ulja
- Posolite i popaprite po ukusu
- Nasjeckani zeleni luk za ukras

UPUTE:
a) Jastoge pripremite tako da ih stavite u zamrzivač na 20-30 minuta. To će im pomoći da se umire prije kuhanja.
b) Napunite veliki lonac vodom i zakuhajte. Kipuću vodu posolite.
c) Pažljivo stavite jastoge u kipuću vodu i kuhajte oko 8-10 minuta, odnosno dok ljuske ne poprime jarkocrvenu boju.
d) Izvadite jastoge iz lonca i ostavite da se malo ohlade. Kad se ohladi, izvadite meso iz ljuski i narežite ga na komade veličine zalogaja. Staviti na stranu.
e) U velikom woku ili tavi zagrijte biljno ulje na srednje jakoj vatri.
f) Na vruće ulje dodajte nasjeckani češnjak i naribani đumbir i pržite uz miješanje oko 1 minutu, dok ne zamiriše.
g) U wok dodajte narezani luk, crvenu i zelenu papriku te mrkvu. Pržite uz miješanje 2-3 minute dok povrće malo ne omekša.
h) U maloj zdjeli pomiješajte pileću juhu, umak od soje i umak od kamenica. Ovu smjesu ulijte u wok s povrćem.
i) Zakuhajte smjesu i pustite da kuha oko 5 minuta kako bi se okusi sjedinili.
j) Umiješajte otopljenu smjesu kukuruznog škroba da se umak zgusne.
k) Dodajte kuhano meso jastoga u wok i lagano promiješajte da se sjedini.
l) Kuhajte još 2-3 minute, dok se jastog ne zagrije.
m) Pokapajte gulaš sezamovim uljem i začinite solju i paprom po ukusu.
n) Ukrasite nasjeckanim zelenim lukom.
o) Poslužite kineski gulaš od jastoga vruć s kuhanom rižom ili rezancima.
p) Uživajte u slasnim okusima ovog ukusnog i ugodnog jela od jastoga nadahnutog kineskim jezikom.

34. Biskvit od jastoga i rajčice

SASTOJCI:
- 1 žlica maslinovog ulja
- 4-6 češnja češnjaka, sitno nasjeckanog
- 1 stabljika celera, sitno nasjeckana
- 1 manji slatki bijeli luk, sitno nasjeckan
- 1 srednja rajčica, narezana na kockice
- Jastog od 1½–1¾ funte
- 2 šalice punomasnog mlijeka
- 1 šalica umaka od rajčice
- ½ šalice gustog vrhnja
- ½ šalice ribljeg temeljca
- 4 žlice (½ štapića) neslanog maslaca
- 2 žlice sitno nasjeckanog svježeg peršina
- 1 žličica svježe mljevenog crnog papra

UPUTE:
a) Zagrijte ulje u velikom loncu na srednje jakoj vatri. Dodajte češnjak, celer i luk te kuhajte, miješajući, 8 do 10 minuta. Dodajte rajčice.
b) Položite jastoga na leđa na dasku za rezanje. Napravite rez u sredini repa gotovo do vrha, bez rezanja ljuske; rastaviti rep.
c) Pecite jastoga na roštilju 15 do 18 minuta, s oklopom prema dolje i zatvorenim poklopcem. Premjestite jastoga s roštilja natrag na dasku za rezanje i izvadite meso i tomalley. Odbacite ljusku i ostavite meso sa strane.
d) Zakuhajte mlijeko, umak od rajčice, vrhnje, temeljac i maslac u loncu s povrćem. Smanjite vatru na najnižu. Kuhajte 10 minuta uz često miješanje.
e) Dodajte meso jastoga i peršin i papar. Poklopite i pirjajte na najslabijoj mogucoj vatri 4 do 5 minuta .

35.Gljive i jastog

SASTOJCI:
- 2 repa jastoga, kuhana i odstranjena
- 8 unci šampinjona, narezanih na ploške
- 2 žlice maslaca
- 2 češnja češnjaka, mljevena
- ¼ šalice suhog bijelog vina
- ½ šalice pileće ili povrtne juhe
- ½ šalice gustog vrhnja
- 1 žlica svježeg soka od limuna
- Posolite i popaprite po ukusu
- Svježi peršin, nasjeckani (za ukras)

UPUTE:
a) U velikoj tavi otopite maslac na srednjoj vatri. Dodajte nasjeckani češnjak i pirjajte oko minutu dok ne zamiriše.
b) Dodajte narezane šampinjone u tavu i kuhajte 4-5 minuta, povremeno miješajući, dok ne porumene i ne omekšaju.
c) Ulijte bijelo vino i deglazirajte tavu, ostružući sve zapečene komadiće s dna. Pustite da vino kuha minutu-dvije da se malo reducira.
d) Dodajte pileću ili povrtnu juhu u tavu i pustite da lagano kuha. Kuhajte 2-3 minute da se okusi sjedine.
e) Smanjite vatru i umiješajte vrhnje i limunov sok. Začinite solju i paprom po ukusu. Lagano pirjajte 3-4 minute, pustite da se umak malo zgusne.
f) Dodajte kuhano meso jastoga u tavu i lagano promiješajte da se sjedini s gljivama i umakom. Pustite da se zagrije minutu ili dvije.
g) Maknite s vatre i ukrasite nasjeckanim peršinom.
h) Šampinjone i jastoga poslužite odmah dok je još vruće. Ovo jelo dobro ide uz rižu kuhanu na pari, hrskavi kruh ili tjesteninu.

36.Salata od jastoga i manga

SASTOJCI:
- 2 repa jastoga, kuhana i odstranjena
- 1 zreli mango, narezan na kockice
- ¼ šalice crvene paprike, narezane na kockice
- ¼ šalice krastavca, narezanog na kockice
- 2 žlice nasjeckane svježe metvice
- Sok od 1 limete
- 1 žlica meda
- Posolite i popaprite po ukusu
- Listovi maslaca zelene salate za posluživanje

UPUTE:
a) Meso jastoga nasjeckajte na komade veličine zalogaja.
b) U zdjeli pomiješajte mango narezan na kockice, crvenu papriku, krastavac i nasjeckanu metvicu.
c) U zdjelu dodajte nasjeckano meso jastoga.
d) U zasebnoj maloj posudi pomiješajte sok limete, med, sol i papar.
e) Prelijte preljev preko smjese jastoga i lagano promiješajte da se prekrije.
f) Salatu od jastoga i manga poslužite na listovima zelene salate.
g) Uživajte u slatkim i pikantnim okusima ove salate od jastoga inspirirane tropskim krajevima.

37.Cezar salata od jastoga

SASTOJCI:
- 2 repa jastoga, kuhana i odstranjena
- 4 šalice nasjeckane zelene salate
- ¼ šalice ribanog parmezana
- ¼ šalice krutona
- Cezar preljev za posluživanje

UPUTE:
a) Meso jastoga nasjeckajte na komade veličine zalogaja.
b) U velikoj zdjeli pomiješajte nasjeckanu zelenu salatu, naribani parmezan i krutone.
c) U zdjelu dodajte nasjeckano meso jastoga.
d) Prelijte Cezar preljevom ili poslužite preljev sa strane.
e) Pomiješajte sastojke neposredno prije posluživanja kako bi se okusi sjedinili.
f) Uživajte u kombinaciji bogatog mesa jastoga s klasičnim okusima Cezar salate.

38. Šifonada od jastoga

SASTOJCI:
- 2 repa jastoga, kuhana i odstranjena
- Svježe začinsko bilje po vašem izboru (poput bosiljka, estragona ili vlasca)
- kriške limuna (za posluživanje)

UPUTE:
a) Uzmite kuhano meso jastoga i uklonite sve ljuske ili hrskavicu. Provjerite je li meso jastoga kuhano i ohlađeno.

b) Uzmite meso jastoga i pažljivo ga narežite na tanke trakice. Za to možete koristiti oštar nož ili kuhinjske škare.

c) Odaberite željeno svježe začinsko bilje, poput bosiljka, estragona ili vlasca, koje dobro nadopunjuje okus jastoga. Složite listove začinskog bilja jedan na drugi.

d) Naslagano bilje čvrsto smotajte u oblik cigare.

e) Oštrim nožem narežite smotano začinsko bilje na tanke trakice. To će stvoriti šifonadu od začinskog bilja.

f) Pomiješajte šifonadu od jastoga i šifonadu od začinskog bilja u zdjeli, nježno ih pomiješajući.

g) Šifonadu od jastoga i začinskog bilja poslužite kao preljev ili ukras raznim jelima. Može se koristiti za poboljšanje salata, jela od tjestenine ili pripravaka od plodova mora.

h) Iscijedite svježi limunov sok preko šifonade od jastoga prije posluživanja kako biste dodali svjetlinu i poboljšali okuse.

39. Tabule od jastoga s bosiljkom

SASTOJCI:
- 2 repa jastoga
- 1 šalica bulgur pšenice
- 2 šalice kipuće vode
- 1 šalica cherry rajčica, prepolovljenih
- 1 krastavac, narezan na kockice
- ½ crvenog luka, sitno nasjeckanog
- ½ šalice svježeg lišća bosiljka, nasjeckanog
- ¼ šalice svježeg peršina, nasjeckanog
- ¼ šalice svježeg lišća metvice, nasjeckanog
- Sok od 1 limuna
- 3 žlice ekstra djevičanskog maslinovog ulja
- Posolite i popaprite po ukusu

UPUTE:
a) Repove jastoga kuhajte u kipućoj slanoj vodi dok ljuske ne poprime jarkocrvenu boju i dok se meso ne skuha. Meso jastoga izvadite iz oklopa i nasjeckajte ga na komade veličine zalogaja. Staviti na stranu.
b) Stavite bulgur pšenicu u veliku zdjelu i prelijte je kipućom vodom. Pokrijte zdjelu čistom kuhinjskom krpom i ostavite bulgur da se namače oko 20 minuta dok ne omekša.
c) Ocijedite višak vode iz bulgur pšenice i prebacite je u zdjelu za posluživanje.
d) U zdjelu s bulgur pšenicom dodajte cherry rajčice, krastavce narezane na kockice, sitno nasjeckani crveni luk, nasjeckane listove bosiljka, nasjeckani peršin i nasjeckane listiće mente.
e) U maloj posudi pomiješajte sok od limuna, ekstra djevičansko maslinovo ulje, sol i papar. Prelijte preljev preko tabbouleh smjese i sve zajedno miješajte dok se dobro ne sjedini.
f) Nježno ubacite nasjeckano meso jastoga, pazeći da bude ravnomjerno raspoređeno po tabuleu.
g) Pustite tabuleh da odstoji oko 10-15 minuta kako bi se okusi stopili.
h) Neposredno prije posluživanja, dajte tabbouleh konačno baciti kako biste uključili preljev koji se možda nataložio na dnu zdjele.
i) Tabbouleh od jastoga ukrasite dodatnim listićima svježeg bosiljka.
j) Tabbouleh od jastoga poslužite kao osvježavajuće glavno jelo ili divan prilog. Dobro se slaže uz morske plodove ili piletinu na žaru.

KOZICE

40.Bouillabaisse zalogaji

SASTOJCI:

- 24 srednje škampi, oguljene i Deveined
- 24 srednje morske kapice
- 2 šalice umaka od rajčice
- 1 limenka mljevenih školjki (6-½ oz)
- 1 žlica Pernod
- 20 mililitara
- 1 list lovora
- 1 žličica bosiljka
- ½ žličice soli
- ½ žličice svježe mljevenog papra
- Češnjak, mljeveni
- Šafran

UPUTE:

a) Nabodite škampe i jakobove kapice na bambusove ražnjiće od 8 inča, koristeći 1 škamp i 1 jakobove kapice po ražnju; omotajte rep škampa oko jakobove kapice.

b) Pomiješajte umak od rajčice, školjke, Pernod, češnjak, lovorov list, bosiljak, sol, papar i šafran zajedno u loncu. Stavite smjesu da prokuha.

c) U plitku posudu za pečenje posložite ribu na ražnjiće.

d) Ražnjiće prelijte umakom. Pecite, nepokriveno, na 350 stupnjeva 25 minuta.

41.Linguine i škampi od škampa

SASTOJCI:
- 1 paket linguine tjestenine
- ¼ šalice maslaca
- 1 nasjeckana crvena paprika
- 5 mljevenih režnjeva češnjaka
- 45 sirovih velikih škampi oguljenih i bez žica ½ šalice suhog bijelog vina ¼ šalice pileće juhe
- 2 žlice soka od limuna
- ¼ šalice maslaca
- 1 žličica mljevene crvene paprike
- ½ žličice šafrana
- ¼ šalice nasjeckanog peršina
- Posolite po ukusu

UPUTE:
a) Skuhajte tjesteninu prema uputama na pakiranju, što bi trebalo trajati oko 10 minuta.
b) Ocijedite vodu i ostavite sa strane.
c) U velikoj tavi rastopite maslac.
d) Kuhajte papriku i češnjak u tavi 5 minuta.
e) Dodajte škampe i nastavite pirjati još 5 minuta.
f) Izvadite škampe na tanjur, ali ostavite češnjak i papar u tavi.
g) Zakuhajte bijelo vino, juhu i limunov sok.
h) Vratite škampe u tavu s još 14 šalica boljeg.
i) Dodajte ljuskice crvene paprike, šafran i peršin te začinite solju po ukusu.
j) Pirjajte 5 minuta nakon što ste pomiješali s tjesteninom.

42. Škampi a la Plancha preko tosta sa šafranom Allioli

SASTOJCI:
ALLIOLI
- 1 veliki prstohvat šafrana
- 1 veliki žumanjak
- 1 češanj češnjaka, sitno nasjeckan
- 1 žličica košer soli
- 1 šalica ekstra djevičanskog maslinovog ulja, po mogućnosti španjolskog
- 2 žličice soka od limuna, plus još ako je potrebno

KOZICE
- Četiri kriške seoskog kruha debljine ½ inča
- 2 žlice kvalitetnog ekstra djevičanskog maslinovog ulja, po mogućnosti španjolskog
- Jumbo od 1½ funte
- 20-count peel-on škampi
- Košer soli
- 2 limuna prepolovljena
- 3 češnja češnjaka, sitno nasjeckana
- 1 žličica svježe mljevenog crnog papra
- 1 šalica suhog šerija
- 2 žlice grubo nasjeckanog plosnatog peršina

UPUTE:
a) Napravite aioli: U maloj tavi na srednje jakoj vatri tostirajte šafran dok ne postane krhak, 15 do 30 sekundi.

b) Okrenite ga na tanjurić i stražnjom stranom žlice zdrobite. U srednje veliku zdjelu dodajte šafran, žumanjke, češnjak i sol i snažno miješajte dok se dobro ne sjedine.

c) Počnite dodavati nekoliko kapi maslinovog ulja, pažljivo miješajući između dodavanja, dok se aioli ne počne zgušnjavati, a zatim ukapajte preostalo ulje u smjesu u vrlo sporom i postojanom mlazu, muteći aioli dok ne postane gust i kremast.

d) Dodajte limunov sok, kušajte i prema potrebi dopunite s još limunovog soka i soli. Prebacite u manju posudu, pokrijte plastičnom folijom i ohladite.

e) Napravite tostove: Postavite rešetku u pećnici u najviši položaj, a brojler na najvišu. Stavite kriške kruha na obrubljeni lim za pečenje i premažite obje strane kruha 1 žlicom ulja.

f) Tostirajte kruh dok ne porumeni, oko 45 sekundi. Okrenite kruh i pecite drugu stranu (pažljivo promatrajte brojlera, jer intenzitet brojlera varira), 30 do 45 sekundi duže. Izvadite kruh iz pećnice i stavite svaku krišku na tanjur.

g) U veliku zdjelu stavite škampe. Nožem za guljenje napravite plitki prorez na zakrivljenom stražnjem dijelu škampa, uklanjajući žilu (ako postoji) i ostavljajući ljusku netaknutom. Zagrijte veliku tavu s debelim dnom na srednje jakoj vatri dok se gotovo ne počne dimiti, 1½ do 2 minute.

h) Dodajte preostalu 1 žlicu ulja i kozice. Pospite dobar prstohvat soli i sok od polovice limuna preko škampa i kuhajte dok se škampi ne počnu uvijati, a rubovi ljuske ne porumene 2 do 3 minute.

i) Hvataljkama preokrenite škampe, pospite s još soli i sokom od druge polovice limuna i kuhajte dok škampi ne postanu jarko ružičasti, otprilike 1 minutu duže. Napravite udubinu u sredini tave i umiješajte češnjak i crni papar; kada češnjak zamiriše, nakon otprilike 30 sekundi, dodajte sherry, pustite da lagano kuha i umiješajte smjesu češnjaka i šerija u kozice.

j) Kuhajte, miješajući i stružući smeđe komadiće s dna tave u umak. Ugasite vatru i iscijedite sok druge polovice limuna. Preostalu polovicu limuna narežite na kriške.

k) Namažite vrh svake kriške kruha velikom žlicom aiolija od šafrana. Podijelite škampe na tanjure i svaku porciju prelijte umakom. Pospite peršinom i poslužite s kriškama limuna.

43. Bombajski grdobina

SASTOJCI:
- 1 funta grdobine, oguljene
- Mlijeko da pokrije
- ¼ funte škampa s ljuskom
- 2 jaja
- 3 žlice paste od rajčice ½ žličice curry praha
- 2 žličice soka od limuna
- ¼ žličice svježeg ružmarina, nasjeckanog
- 1 prstohvat šafrana ili kurkume ¾ šalice svijetle kreme
- Posolite i popaprite po ukusu

UPUTE:
a) Zagrijte pećnicu na 350F. Grdobinu stavite u tavu dovoljno veliku da u nju stane. Prelijte mlijekom i stavite posudu na umjerenu vatru.
b) Pustite da zavrije, poklopite i kuhajte 8 minuta. Okrenite ribu i kuhajte još 7 minuta, odnosno dok se riba ne skuha.
c) Kad je grdobina pri kraju, dodajte škampe i kuhajte 2-3 minute, odnosno dok ne porumene.
d) Ocijedite ribu i škampe, bacivši mlijeko.
e) Grdobinu narežite na komade veličine zalogaja. Umutite jaja s pastom od rajčice, curryjem, limunovim sokom, ružmarinom, šafranom i ½ šalice vrhnja.
f) Pomiješajte ribu i škampe te začinite po ukusu solju i paprom.
g) Okrenite u 4 pojedinačne posude za ramekin i prelijte jednaku količinu preostalog vrhnja na vrh svake posude.
h) Pecite 20 minuta, ili dok se ne stegne. Poslužite vruće s malo limuna i hrskavim francuskim kruhom.

44. Piletina, škampi i chorizo paella

SASTOJCI:
- ½ žličice zdrobljenih niti šafrana
- 2 žlice maslinovog ulja
- 1 funta pilećih bataka bez kože i kostiju, izrezanih na komade od 2 inča
- 4 unce kuhane, dimljene chorizo kobasice u španjolskom stilu, narezane na kriške
- 1 srednja glavica luka, nasjeckana
- 4 češnja češnjaka, nasjeckana
- 1 šalica krupno naribanih rajčica
- 1 žlica dimljene slatke paprike
- 6 šalica pileće juhe sa smanjenim udjelom natrija
- 2 šalice španjolske riže kratkog zrna, kao što je bomba, Calasparra ili Valencia
- 12 velikih škampi, oguljenih i očišćenih
- 8 unci smrznutog graška, odmrznutog
- Narezane zelene masline (po želji)
- Sjeckani talijanski peršin

UPUTE:

a) U maloj posudi pomiješajte šafran i 1/4 šalice vruće vode; ostaviti da odstoji 10 minuta.

b) U međuvremenu, u tavi za paellu od 15 inča zagrijte ulje na srednje jakoj vatri. Dodajte piletinu u tavu. Kuhajte, povremeno okrećući, dok piletina ne porumeni, oko 5 minuta. Dodajte chorizo. Kuhajte još 1 minutu. Sve prebaciti na tanjur. Dodajte luk i češnjak u tavu. Kuhajte i miješajte 2 minute. Dodati paradajz i papriku. Kuhajte i miješajte još 5 minuta ili dok se rajčice ne zgusnu i postanu gotovo poput paste.

c) Vratite piletinu i chorizo u tavu. Dodajte pileću juhu, mješavinu šafrana i 1/2 žličice soli; dovesti do vrenja na jakoj vatri. Dodajte rižu u tavu, jednom promiješajte da se ravnomjerno rasporedi. Kuhajte, bez miješanja, dok riža ne upije većinu tekućine, oko 12 minuta. (Ako je tava veća od plamenika, okrećite je svakih nekoliko minuta kako bi se riža ravnomjerno kuhala.) Smanjite vatru na nisku. Kuhajte, bez miješanja, još 5 do 10 minuta dok se sva tekućina ne upije i riža ne postane al dente. Na vrh stavite škampe i grašak. Pojačajte toplinu. Kuhajte bez miješanja još 1 do 2 minute (rubovi bi trebali izgledati suhi, a na dnu bi se trebala stvoriti korica). Ukloniti. Tepsiju pokriti folijom. Ostavite da odstoji 10 minuta prije posluživanja. Po želji pospite maslinama i peršinom.

45. Minty zalogaji škampa

SASTOJCI:
- 2 žlice maslinovog ulja
- 10 unci škampi, kuhani
- 1 žlica nasjeckane metvice
- 2 žlice eritritola
- ⅓ šalice samljevenih kupina
- 2 žličice curry praha r
- 11 kriški pršuta
- ⅓ šalice temeljca od povrća

UPUTE:
a) Pokapajte uljem svaku kozicu nakon što ste je omotali ploškama pršuta.
b) U svom instant loncu pomiješajte kupine, curry, mentu, temeljac i eritritol, promiješajte i kuhajte 2 minute na laganoj vatri.
c) Dodajte košaru za kuhanje na pari i zamotane škampe u lonac, poklopite i kuhajte 2 minute na najjačoj temperaturi.
d) Zamotane škampe stavite na tanjur i pokapajte umakom od mente prije posluživanja.

46.Kivi i S škampi

SASTOJCI:
- 3 kivija
- 3 žlice maslinovog ulja
- 1 funta škampa, oguljenih
- 3 žlice brašna
- ¾ šalice pršuta, narezanog na tanke trakice
- 3 luka sitno nasjeckana
- ⅓ žličice čilija u prahu
- ¾ šalice suhog bijelog vina

UPUTE:
a) Ogulite kivi. Ostavite 4 kriške za ukras, a preostalo voće nasjeckajte. U teškoj tavi ili woku zagrijte ulje. Ubacite škampe u brašno i pirjajte ih 30 sekundi.

b) Dodajte pršut, ljutiku i čili u prahu. Pirjajte još 30 sekundi. Dodajte nasjeckani kivi i pirjajte 30 sekundi. Dodati vino i reducirati na pola.

c) Poslužite odmah.

47. Začinski kozji sir i pršut od kozica

SASTOJCI:

- 12 žlica kozjeg sira
- 1 žličica nasjeckanog svježeg peršina
- 1 žličica nasjeckanog svježeg estragona
- 1 čajna žličica nasjeckanog svježeg nervnjaka
- 1 žličica nasjeckanog svježeg origana
- 2 žličice mljevenog češnjaka
- Sol i papar
- 12 velikih škampa, oguljenih, s repom i
- Leptir
- 12 tankih šnita pršuta
- 2 žlice maslinovog ulja
- Kišica bijelog tartufa
- Ulje

UPUTE:

a) U zdjeli za miješanje pomiješajte sir, začinsko bilje i češnjak. Smjesu posolite i popaprite. Posolite i popaprite kozice.
b) U udubljenje svake kozice utisnite po jednu žlicu nadjeva.
c) Svaku kozicu čvrsto omotajte jednim komadom pršuta. U tavi zagrijte maslinovo ulje. Kad se ulje zagrije, dodajte punjene škampe i pržite ih 2 do 3 minute sa svake strane, odnosno dok škampi ne porumene, a repovi im se uvijaju prema tijelu. Izvadite iz posude i stavite na veliki tanjur.
d) Pokapajte kozice uljem od tartufa.
e) Ukrasite peršinom.

48. Njoketi sa škampima i pestom

SASTOJCI:
- Tijesto od griza

PEŠTO OD PISTACIJA
- 1 šalica pistacija
- 1 vezica metvice
- 1 češanj češnjaka
- ½ šalice ribanog pecorina romana
- ½ šalice maslinovog ulja
- Košer soli
- Svježe mljeveni crni papar
- 8 oz fava graha
- Maslinovo ulje
- 3 češnja češnjaka nasjeckana
- 2 lb velikih škampa, očišćenih
- Mljevena crvena paprika, po ukusu
- Košer soli
- Svježe mljeveni crni papar
- ¼ šalice bijelog vina
- 1 limun, oguljen

UPUTE :

a) Dva pleha pospite griz brašnom.

b) Da biste napravili njokete, odrežite mali komad tijesta i prekrijte ostatak tijesta plastičnom folijom. Rukama razvaljajte komad tijesta u uže debljine oko ½ inča. Izrežite komade tijesta od ½ inča od užeta. Palcem nježno gurnite komad tijesta na dasku za njoke, otkotrljajte ga od tijela tako da se napravi lagano udubljenje. Stavite njokete na limove posute grizom i ostavite ih nepokrivene dok ne budu spremni za kuhanje.

c) Da biste napravili pesto od pistacija, dodajte pistacije, metvicu, češnjak, Pecorino Romano, maslinovo ulje, sol i svježe mljeveni crni papar u kuhinjski procesor dok ne postane pire.

d) Pripremite posudu s ledenom vodom. Izvadite fava grah iz mahune. Blanširajte grah kuhanjem u kipućoj vodi dok ne omekša, oko 1 minutu. Izvadite iz vode i stavite u ledenu kupelj.

e) Kad se dovoljno ohladi, izvadite iz vode i odložite u zdjelu. Uklonite voštani vanjski sloj zrna graha i bacite ga.

f) Zakuhajte veliki lonac posoljene vode. U međuvremenu u veliku tavu na jakoj vatri dodajte malo maslinovog ulja, češnjak, škampe, mljevenu crvenu papriku, sol i svježe mljeveni crni papar. Dok se škampi kuhaju, stavite tjesteninu u kipuću vodu i kuhajte dok ne postane al dente, oko 3 do 4 minute. Dodajte tjesteninu u tavu s bijelim vinom i pustite da se kuha dok se vino ne reducira na pola, otprilike minutu.

g) Za posluživanje podijelite tjesteninu u zdjelice. Ukrasite koricom limuna i pestom od pistacija.

49. akadijske kokice

SASTOJCI:
- 2 kilograma malih škampa
- 2 velika jaja
- 1 šalica suhog bijelog vina
- ½ šalice palente
- ½ šalice brašna
- 1 žlica svježeg vlasca
- 1 češanj češnjaka, samljeven
- ½ žličice listova timijana
- ½ žličice červila
- ½ žličice soli češnjaka
- ½ žličice crnog papra
- ½ žličice kajenskog papra
- ½ žličice paprike
- ulje za prženje u dubokom ulju

UPUTE:
a) Ragove ili škampe isperite hladnom vodom, dobro ocijedite i ostavite sa strane dok vam ne zatrebaju. Umutite jaja i vino u maloj zdjeli, a zatim ohladite.
b) U drugoj maloj zdjeli pomiješajte palentu, brašno, vlasac, češnjak, majčinu dušicu, češnjak, sol, papar, kajenski papar i papriku. Postupno umiješajte suhe sastojke u smjesu jaja, dobro promiješajte. Dobivenu smjesu pokrijte i ostavite da odstoji 1-2 sata na sobnoj temperaturi.
c) Zagrijte ulje u pećnici ili fritezi na 375°F na termometru.
d) Umočite suhe plodove mora u tijesto i pržite ih u malim obrocima 2-3 minute, okrećući ih dok ne porumene.
e) Kozice izvadite šupljikavom žlicom i temeljito ih ocijedite na nekoliko slojeva papirnatih ručnika. Poslužite na zagrijanom pladnju uz omiljeni umak.

50. Ražnjići s plodovima mora glazirani jabukama

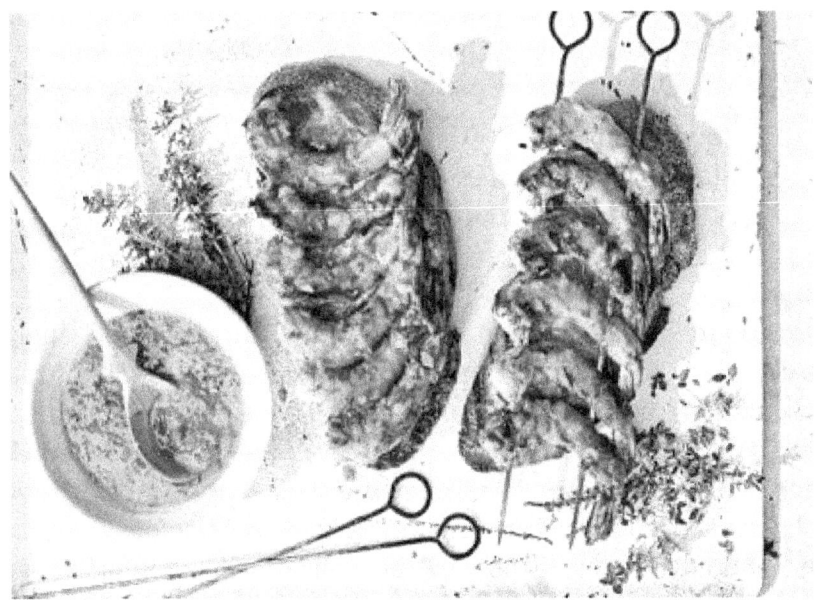

SASTOJCI:
- 1 konzerva koncentrata soka od jabuke
- 1 žlica maslaca i Dijon senfa
- 1 veća slatka crvena paprika
- 6 segmenata slanine
- 12 Morske kapice
- 1 funta škampi bez ljuske i koštica (oko 36)
- 2 žlice narezane na kockice svježi peršin

UPUTE:
a) U dubokom, teškom loncu kuhajte koncentrat soka od jabuke na jakoj vatri 7-10 minuta ili dok se ne reducira na otprilike ¾ šalice. Maknite s vatre, umiješajte maslac i senf dok ne postane glatko. Staviti na stranu. Papriku prerežite na pola Izvadite sjemenke i peteljku, a papriku narežite na 24 dijela. Segmente slanine prerežite poprečno na pola i svaku jakobovu kapicu zamotajte u komad slanine.

b) nabodite papriku, jakobove kapice i škampe na 6 ražnjića. Ražnjiće stavite na nauljenu rešetku za roštilj. Pecite na umjereno jakoj vatri 2-3 minute, podlijevajući glazurom od jabučnog soka i često okrećući, sve dok jakobove kapice ne postanu neprozirne, škampi ružičasti, a papar omekša. Poslužite posuto peršinom.

51. Salate od špinata od kozica

SASTOJCI:
- 1 funta oguljenih i očišćenih kuhanih srednjih škampa
- 4 zelena luka, tanko narezana
- 3/4 šalice ljutog preljeva za salatu od slanine od rajčice
- 1 paket (6 unci) svježeg mladog špinata
- 1 šalica nasjeckane mrkve
- 2 tvrdo kuhana velika jaja, narezana na ploške
- 2 rajčice narezane na kriške

UPUTE:
a) Kuhajte luk i škampe s preljevom za salatu u velikoj tavi na srednje jakoj vatri da se zagriju ili 5 do 6 minuta.
b) Stavite jednake količine špinata na 4 porcije. Na vrh stavite rajčice, jaja, mrkvu i mješavinu škampa. Poslužite odmah.

52. Souffle od kozica

SASTOJCI:
- ½ funte Kuhani škampi
- 3 kriške Svježi korijen đumbira
- 1 velika žlica Šeri
- 1 čajna žličica Umak od soje
- 6 Bjelanjci
- ½ žličice Sol
- 4 žlice Ulje
- 1 crtica Papar

UPUTE:
a) Kuhane škampe narežite na kockice i usitnite korijen đumbira; zatim pomiješajte sa šerijem i soja umakom.
b) Istucite bjelanjke, sa soli, dok ne postanu pjenasti i čvrsti, ali ne suhi. Umiješajte smjesu za škampe.
c) Zagrijte ulje do dimljenja. Dodajte smjesu škampa i jaja i kuhajte na srednje jakoj vatri, neprestano miješajući, dok se jaja ne počnu stvrdnjavati (3 do 4 minute).

53. Ceviche Peruano

SASTOJCI:
- 2 srednja krumpira
- po 2 slatka krumpira
- 1 glavica crvenog luka narezana na tanke trakice
- 1 šalica svježeg soka od limete
- 1/2 stabljike celera, narezane na ploške
- 1/4 šalice lagano upakiranih listova cilantra
- 1 prstohvat mljevenog kima
- 1 režanj češnjaka, samljeven
- 1 habanero papričica
- 1 prstohvat soli i svježe mljevenog papra
- 1 funta svježe tilapije, izrezane na 1/2 inča
- Srednji škampi od 1 funte - oguljeni,

UPUTE:
a) Stavite krumpir i slatki krumpir u lonac i prelijte vodom. Narezani luk stavite u zdjelu tople vode.
b) Pomiješajte celer, cilantro i kumin te umiješajte češnjak i habanero papar. Začinite solju i paprom pa umiješajte tilapiju narezanu na kockice i škampe
c) Za posluživanje ogulite krumpir i narežite na ploške. Umiješajte luk u riblju smjesu. Posude za posluživanje obložite listovima zelene salate. Žlicom stavite ceviche koji se sastoji od soka u zdjelice i ukrasite ploškama krumpira.

54. Cheddar fondue s umakom od rajčice

SASTOJCI:
- 1 režanj češnjaka, prepolovljen
- 6 srednjih rajčica, očišćenih od sjemenki i narezanih na kockice
- 2/3 šalice suhog bijelog vina
- 6 žlica. Maslac, na kockice
- 1-1/2 žličice. Osušeni bosiljak
- Dash kajenski papar
- 2 šalice nasjeckanog cheddar sira
- 1 velika žlica. Višenamjensko brašno
- Francuski kruh narezan na kocke i kuhani škampi

UPUTE:
a) Istrljajte dno i stranice posude za fondue režnjem češnjaka.
b) Stavite sa strane i bacite češnjak.
c) Pomiješajte vino, maslac, bosiljak, ljutu papriku i rajčice u velikom loncu.
d) Na srednje niskoj vatri pustite smjesu da zakuha, a zatim smanjite vatru na nisku.
e) Pomiješajte sir s brašnom.
f) Postupno dodajte smjesi rajčice uz miješanje nakon svakog dodavanja dok se sir ne otopi.
g) Ulijte u posudu za pripremu fonduea i držite na toplom.
h) Uživajte uz škampe i kockice kruha.

55. Začinjeni umak od škampa i sira

SASTOJCI:
- 2 kriške bez dodanog šećera slanina
- 2 srednji žuta boja luk, oguljena i na kockice
- 2 klinčići češnjak, mljeveno
- 1 kupa kokice škampi (ne the pohan ljubazan), kuhana
- 1 srednji rajčica, na kockice
- 3 šalice isjeckan Monterey utičnica sir
- 1/4 čajna žličica Frankov Crvene ljute umak
- 1/4 čajna žličica cayenne papar
- 1/4 čajna žličica crno papar

UPUTE:
a) Kuhati the slanina u a srednji tava nad srednji toplina do hrskav, oko 5–10 minuta. Zadržati mast u tava. Položiti the slanina na a papir ručnik do cool. Kada cool, mrviti se the slanina s tvoje prstima.

b) Dodati the luk i češnjak do the slanina kapanje u the tava i pirjati nad srednje niska toplina do oni su mekan i mirisan, oko 10 minuta.

c) Kombinirati svi Sastojci u a usporiti štednjak; promiješati dobro. Kuhati pokriveno na nizak postavljanje 1–2 sati ili do sir je potpuno rastopljeni.

56. Patka Gumbo

SASTOJCI:
ZALIHA:
- 3 velike ili 4 male patke
- 1 galon vode
- 1 glavica luka, narezana na četvrtine
- 2 rebra celera
- 2 mrkve 2 lista lovora 3 t. sol
- 1 t. papar

GUMBO:
- ¾ c. brašno
- ¾ c. ulje
- 2 režnja češnjaka, mljevena
- 1 šalica sitno nasjeckanog luka
- ½ c. sitno narezan celer
- 1 c. sitno nasjeckane zelene paprike
- 1 lb. bamije izrezane na komade od ¼".
- 2 T. mast od slanine
- 1 lb sirovi, oguljeni škampi
- 1 pt. kamenice i liker
- ¼ c. kosani peršin
- 2 c. kuhana riža

UPUTE:

a) Patke od kože; kuhati u vodi s lukom, celerom, lovorom, solju i paprom otprilike 1 sat ili dok pačje meso ne omekša. Naprezanje; skinite svu masnoću i ostavite 3 četvrtine temeljca. Ako je potrebno, dodajte pileću ili goveđu bujonu da napravite 3 litre temeljca. Uklonite meso s trupa i sitne komade; vratiti na zalihu. Zaliha se može napraviti dan prije izrade gumba.

ZA GUMBO:

b) U velikoj pećnici napravite tamnosmeđi roux s brašnom i uljem.

c) Dodajte češnjak, luk, celer i zelenu papriku; pirjajte bamiju na masnoći od slanine dok ne nestane sva oštrina, oko 20 minuta; odvoditi. U loncu za juhu zagrijte temeljac i polako umiješajte mješavinu pečenja i povrća.

d) Dodati bamiju; pirjati poklopljeno 1½ sat.

e) Dodajte škampe, kamenice i njihov liker i kuhajte dodatnih 10 minuta. Umiješajte peršin i maknite s vatre.

f) Ispravno začinite i poslužite uz vruću, rahlu rižu.

57.Patčji curry s ananasom

SASTOJCI:
- 15 suhih dugih crvenih čilija
- 1 žlica bijelog papra u zrnu
- 2 žličice sjemenki korijandera
- 1 žličica sjemenki kumina
- 2 žličice paste od škampa
- 5 crvenih azijskih ljutika, nasjeckanih
- 10 režnjeva češnjaka nasjeckanih
- 2 stabljike limunske trave, samo bijeli dio, sitno narezane
- 1 žlica nasjeckanog galangala
- 2 žlice nasjeckanog korijena korijandera
- 1 žličica sitno naribane korice kaffir limete
- 1 žlica ulja od kikirikija
- 8 mladog luka (mladi luk), dijagonalno narezanih na 3 cm (1¼ in) duljine
- 2 zgnječena češnja češnjaka
- 1 kineska pečena patka, nasjeckana na velike komade
- 400 ml (14 oz) kokosovog mlijeka
- 450 g (1 lb) komadića ananasa u konzervi u sirupu, ocijeđenih
- 3 lista kaffir limete
- 3 žlice nasjeckanog lišća korijandera
- 2 žlice nasjeckane metvice

UPUTE:
a) Papričice potopite u kipuću vodu 5 minuta ili dok ne omekšaju. Uklonite stabljiku i sjemenke, pa nasjeckajte.

b) Na suho pržite zrna papra, sjemenke korijandera, sjemenke kima i pastu od škampi zamotane u foliju u tavi na srednje jakoj vatri 2-3 minute ili dok ne zamirišu. Ostaviti da se ohladi.

c) Zdrobite ili sameljite zrna papra, korijandar i kumin u prah.

d) Stavite nasjeckane papričice, pastu od škampi i mljevene začine s preostalim sastojcima za curry pastu u multipraktik ili u mužar batom i procedite ili istucite u glatku pastu.

e) Zagrijte wok dok se jako ne zagrije, dodajte ulje i vrteći ga premažite sa strane. Dodajte luk, češnjak i 2-4 žlice crvene curry paste i pržite uz miješanje 1 minutu ili dok ne zamiriše.

f) Dodajte komade pečene patke, kokosovo mlijeko, ocijeđene komade ananasa, listove kaffir limete te pola korijandera i mente. Pustite da zavrije, zatim smanjite vatru i kuhajte 10 minuta ili dok se patka ne zagrije i umak malo zgusne.

g) Umiješajte preostali korijander i metvicu i poslužite.

58. BBQ pačji curry s ličijem

SASTOJCI:
- 1 žličica bijelog papra u zrnu
- 1 žličica paste od škampa
- 3 duge crvene papričice bez sjemenki
- 1 glavica crvenog luka, sitno nasjeckana
- 2 češnja češnjaka
- 2 stabljike limunske trave, samo bijeli dio, tanko narezane
- 5 cm (2 inča) komadića đumbira
- 3 korijena korijandera
- 5 listova kaffir limete
- 2 žlice ulja
- 2 žličice mljevenog korijandera
- 1 žličica mljevenog kima
- 1 žličica paprike
- 1 žličica mljevene kurkume
- 1 kineska patka za roštilj
- 400 ml (14 oz) kokosovog vrhnja
- 1 žlica naribanog palminog šećera (jaggery)
- 2 žlice ribljeg umaka
- 1 debela kriška galangala
- 240 g (8½ oz) slamnatih gljiva u konzervi, ocijeđenih
- 400 g (14 oz) konzerviranih ličija, prerezanih na pola
- 250 g (9 oz) cherry rajčica
- 1 šaka tajlandskog bosiljka, nasjeckanog
- 1 šaka listova korijandera

UPUTE:

a) Na suho pržite zrna papra i pastu od kozica zamotanu u foliju u tavi na srednje jakoj vatri 2-3 minute ili dok ne zamirišu. Ostaviti da se ohladi.

b) Koristeći mužar s tučkom ili mlinac za začine, zdrobite ili sameljite zrna papra u prah.

c) Stavite zdrobljena zrna papra i škampe s preostalim sastojcima za curry pastu u multipraktik ili u mužar s batom i procedite ili istucite u glatku pastu.

d) Pačje meso odvojite od kostiju i nasjeckajte na komade veličine zalogaja. Gusto vrhnje od kokosa s vrha lima stavite u lonac, na srednjoj vatri uz povremeno miješanje kuhajte na jakoj vatri i kuhajte 5-10 minuta, odnosno dok se smjesa ne 'razdvoji' (ulje se počne odvajati).

e) Dodajte pola curry paste, palmin šećer i riblji umak i miješajte dok se palmin šećer ne otopi.

f) Dodajte patku, galangal, slamnate gljive, liči, sačuvani sirup od ličija i preostalo vrhnje od kokosa. Pustite da zavrije, a zatim smanjite na vatru i kuhajte 15-20 minuta ili dok patka ne omekša.

g) Dodajte cherry rajčice, bosiljak i korijander. Začiniti po želji. Poslužite kada cherry rajčice malo omekšaju.

59. Ceviche od školjki na žaru

SASTOJCI:
- ¾ funte srednjih škampa, bez ljuske i deveina
- ¾ funte morskih kapica
- ¾ funte fileta lososa
- 1 šalica rajčice narezane na kockice (kockice od 1/2 inča)
- 1 šalica manga narezanog na kockice (kockice od 1/2 inča)
- 2 grejpa, oguljena i segmentirana
- 3 naranče, oguljene i segmentirane
- 4 limete, oguljene i izrezane na segmente
- ½ šalice crvenog luka nasjeckanog na kockice (kockice od 1/2 inča)
- 2 Jalapenosa, mljevena
- 4 šalice svježeg soka od limete
- 1 šalica nasjeckanog cilantra
- 2 žlice šećera
- Sol i mljeveni papar

UPUTE:
a) U velikoj zdjeli koja ne reaguje, pomiješajte jakobove kapice, losos, škampe, rajčice, mango, luk, jalapeno i sok od limete.
b) Marinirajte, u hladnjaku, 3 sata.
c) Izvadite iz marinade i pecite ribu i školjke na roštilju, tek toliko da dobiju tragove pečenja 30-60 sekundi.
d) Narežite svu ribu na kockice od ½ inča.
e) Neposredno prije posluživanja ocijedite što više soka od limete iz voća, dodajte cilantro, šećer, školjke i losos. Nježno miješajte pazeći da ne polomite voće i ribu.

60. Zdjelice za proljetne rolade od tikvica

SASTOJCI:
- 3 žlice kremastog maslaca od kikirikija
- 2 žlice svježe iscijeđenog soka limete
- 1 žlica soja umaka sa smanjenim udjelom natrija
- 2 žličice tamno smeđeg šećera
- 2 žličice sambal oeleka (mljevene svježe paste od čilija)
- Srednji škampi od 1 funte, oguljeni i očišćeni
- 4 srednje spiralizirane tikvice
- 2 velike mrkve oguljene i naribane
- 2 šalice nasjeckanog ljubičastog kupusa
- ⅓ šalice svježeg lišća cilantra
- ⅓ šalice listova bosiljka
- ¼ šalice listova mente
- ¼ šalice nasjeckanog prženog kikirikija

UPUTE:
a) ZA UMAK OD KIKIRIKIJA: Pomiješajte maslac od kikirikija, sok od limete, sojin umak, smeđi šećer, sambal oelek i 2 do 3 žlice vode u maloj posudi. Ostavite u hladnjaku do 3 dana, dok ne budete spremni za posluživanje.

b) U velikom loncu kipuće slane vode kuhajte škampe dok ne porumene, oko 3 minute. Ocijedite i ohladite u posudi s ledenom vodom. Dobro ocijediti.

c) Podijelite tikvice u posude za pripremu obroka. Na vrh stavite škampe, mrkvu, kupus, cilantro, bosiljak, metvicu i kikiriki. Čuva se pokriveno u hladnjaku 3 do 4 dana. Poslužite s pikantnim umakom od kikirikija.

61. Salata od kvinoje i škampa

SASTOJCI:

- 1 šalica kvinoje , kuhane
- ½ funte škampa; kuhano; u kockicama od 1/2 inča
- ½ šalice svježeg korijandera; sitno nasjeckan
- ¼ šalice svježeg vlasca ili mladog luka
- 1 Jalapeno papar; mljeveno
- 1 češanj češnjaka; mljeveno
- 1 žličica soli
- ½ žličice Crni papar
- 3 žlice soka od limete
- 1 žlica meda
- 1 žlica sojinog umaka
- 2 žlice maslinovog ulja

UPUTE:

b) Za preljev pomiješajte jalapeno, češnjak, sol, papar, sok limete, med, soja umak i maslinovo ulje. Nježno pomiješajte s kvinojom.

c) Začine prilagodite ukusu.

62. Mamurni škampi

SASTOJCI:
- 32 unce V-8 sok
- 1 limenka Pivo
- 3 Jalapeño paprike (ili habaneros)
- 1 veliki Luk; nasjeckana
- 1 čajna žličica Sol
- 2 Češnjevi češnjaka; nasjeckana
- 3 funte s škampi; oguljene i devenirane

UPUTE:
a) Sve sastojke, osim škampa, stavite u veliki lonac i zakuhajte.
b) Dodajte škampe i maknite s vatre. Neka odstoji oko 20 minuta. Ocijedite i ohladite škampe.
c) Formatirao i razbio Carriej999@...

63.Pinwheel rolice od škampa

SASTOJCI:
- 5 većih jaja
- 1 žlica ulja za salatu
- 1 funta sirovih škampa; oljušten, deveiniran
- 2 žličice soli
- ⅓ šalice finih osušenih krušnih mrvica
- 1 žličica sitno mljevenog svježeg đumbira
- 1 bjelanjak
- ⅛ žličice ljute papričice u prahu
- ¼ žličice bijelog papra
- 2 žlice vermuta
- ¼ šalice pilećeg ili ribljeg temeljca
- 2 žlice sitno nasjeckanog mladog luka; samo bijeli dio
- ½ crvene slatke paprike ili pimienta narezanog na kockice
- 1 mala mrkva; isjeckan
- 8 Snježni grašak; na kockice
- ¼ šalice umaka od kamenica
- ¼ šalice pilećeg temeljca
- 1 žlica soja umaka
- 1 žlica Tabasco umaka
- 1 žličica mljevenog svježeg đumbira

UPUTE:
a) Tucite 5 jaja dok se dobro ne sjedine. Premažite teflonom obloženu tavu polovicom ulja za salatu.
b) Zagrijte tavu i ulijte polovicu jaja, vrteći tavu da jaja prekriju dno posude.
c) Kuhajte palačinku od jaja dok se ne stegne. Izvadite iz posude i ostavite da se ohladi. Ponoviti.
d) Natrljajte škampe s 1 žličicom. posolite i temeljito operite pod hladnom tekućom vodom. Ocijedite škampe i osušite.
e) Samljeti škampe uključivanjem/isključivanjem procesora hrane i prebaciti u veliku zdjelu za miješanje.
f) Umiješajte preostalu sol, krušne mrvice; đumbir, bjelanjak, papar, vermut, pileći ili riblji temeljac i mladi luk. Snažno miješajte dok se smjesa ne sjedini.
g) Dodajte kockice graška i slatku crvenu papriku ili pimiento.
h) Nanesite ½ mješavine škampi na jednu palačinku od jaja, vrh s polovicom naribane mrkve i zarolajte. Ponovite s drugom palačinkom.
i) Rolice od škampi stavite na tanjur u posudu za kuhanje na pari i kuhajte na pari 10 minuta. Poslužite s umakom od kamenica. Kamenica

UMAK:
j) Pomiješajte, zagrijte u loncu i poslužite toplo uz Rolice od škampi.

64. Tjestenina sa šampinjonima i šampinjonima od sira

SASTOJCI:
- 1 (16 oz.) paket linguine tjestenine
- 1 šalica pripremljenog pesta od bosiljka
- 2 žlice maslinovog ulja
- 1 lb. kuhanih škampa, oguljenih i očišćenih
- 1 manja glavica luka nasjeckana
- 20 gljiva nasjeckanih
- 8 češnjeva češnjaka, narezanih na ploške
- 3 roma (šljive) rajčice, narezane na kockice
- 1/2 šalice maslaca
- 2 žlice višenamjenskog brašna
- 2 šalice mlijeka
- 1 prstohvat soli
- 1 prstohvat papra
- 1 1/2 šalica ribanog Romano sira

UPUTE:
a) U veliku tavu s lagano posoljenom kipućom vodom dodajte tjesteninu i kuhajte oko 8-10 minuta ili do željene spremnosti te je dobro ocijedite i ostavite sa strane.
b) U velikoj tavi zagrijte ulje na srednje jakoj vatri i pirjajte luk oko 4-5 minuta.
c) Dodajte maslac i češnjak i pirjajte oko 1 minutu.
d) U međuvremenu u zdjeli pomiješajte mlijeko i brašno i sipajte u serpu uz stalno miješanje.
e) Umiješajte sol i crni papar i kuhajte miješajući oko 4 minute.
f) Dodajte sir uz stalno miješanje dok se potpuno ne otopi.
g) Umiješajte pesto i škampe, rajčice i gljive te kuhajte oko 4 minute ili dok se potpuno ne zagrije.
h) Dodajte tjesteninu i stavite je u premaz i odmah poslužite.

65.Pesto škampi sa sirom i tjesteninom

SASTOJCI:
- 1 lb linguine tjestenine
- 1/3 šalice pesta
- 1/2 šalice maslaca
- 1 lb velikih škampa, oguljenih i očišćenih
- 2 šalice gustog vrhnja
- 1/2 žličice mljevenog crnog papra
- 1 šalica ribanog parmezana

UPUTE:
a) U veliku tavu s lagano posoljenom kipućom vodom dodajte tjesteninu i kuhajte oko 8-10 minuta ili do željene spremnosti te je dobro ocijedite i ostavite sa strane.

b) U međuvremenu otopite maslac u velikoj tavi na srednjoj vatri. Dodajte vrhnje i crni papar i kuhajte uz neprestano miješanje oko 6-8 minuta.

c) Dodajte sir i miješajte dok se dobro ne sjedini. Umiješajte pesto i kuhajte uz neprestano miješanje oko 3-5 minuta.

d) Dodajte škampe i kuhajte oko 3-5 minuta. Poslužite vruće uz tjesteninu.

RAK

66. Muffini od rakova

SASTOJCI:
- ½ funte mesa rakova (limenka od 7 oz.)
- 1 margarin u štapiću
- 1 staklenka starog engleskog sira
- ½ žličice soli od češnjaka
- 2 žlice majoneze
- ½ žličice začinite soli
- 6 engleskih muffina

UPUTE:
a) Pomiješajte sve osim muffina. Premažite muffine. Muffine narežite na četvrtine.
b) Zamrznite na limu za kolačiće. Stavite u vrećicu i čuvajte u zamrzivaču dok ne zatreba. Pecite i poslužite.

67. Pogačice od rakova

SASTOJCI:
- 3 velika jaja, istučena
- 1½ šalice obranog mlijeka
- ¾ šalice švicarskog sira, naribanog
- 2 žlice krem sira, omekšalog
- 1 žlica mljevenog luka
- ¼ šalice nasjeckanog peršina
- ½ šalice mrkve, nasjeckane
- 1 funta običnog mesa rakova
- ½ žličice muškatnog oraščića
- ¼ žličice bijelog papra
- 1 prstohvat soli
- pecivo za 2 kore za pitu

UPUTE:

a) Tanko razvaljajte tijesto i kalupom za kekse izrežite krugove promjera 2 inča. Krugove tijesta lagano utisnite u nauljene kore za kolače. Izbodite tijesto vilicom.

b) Pecite 5-7 minuta na 450 stupnjeva. Izvadite iz pećnice. Staviti na stranu.

c) Pomiješajte preostale sastojke i žlicom stavljajte u kore za kolače, puneći ½ inča preko vrha školjki

d) Pecite 25 minuta na 375 stupnjeva ili dok umetnuta čačkalica ne izađe čista.

68. Umak od plodova mora

SASTOJCI:
- 1 šalica pahuljica od rakova
- ½ šalice sira Cheddar -- naribanog
- ¼ šalice krem sira -- omekšanog
- ¼ šalice majoneze
- ¼ šalice kiselog vrhnja
- ¼ šalice parmezana -- naribanog
- ¼ šalice zelenog luka -- narezanog na ploške
- 1 žličica soka od limuna
- ¼ žličice Worcestershire umaka
- ⅛ žličice češnjaka u prahu
- ¼ šalice krušnih mrvica

UPUTE:

a) U zdjeli pomiješajte prvih 10 sastojaka dok ne postane glatko. Raširite u kalup za pite od 9 inča.

b) Pospite krušnim mrvicama. Pecite, pokriveno, na 350 stupnjeva F 20 minuta ili dok ne postanu mjehurići

c) Otklopite i pecite još 5 minuta. Poslužite uz krekere ili sirovo povrće.

KAMENICE

69. Kroketi od kamenica

SASTOJCI:
- ¼ šalice maslaca
- ¼ šalice višenamjenskog brašna
- 1 šalica mlijeka
- Sol
- Svježe mljeveni papar
- 3 žlice maslaca
- 4 mljevena ljutika
- 1 funta mljevenih gljiva
- 24 Oljuštene i tapkane suhe kamenice
- (za duboko prženje) biljno ulje
- 3 jajeta
- Višenamjensko brašno
- 4 šalice svježih krušnih mrvica
- Potočarka
- Kriške limuna

UPUTE:
a) Otopite ¼ šalice maslaca u teškoj srednjoj posudi na laganoj vatri.
b) Umiješajte ¼ šalice brašna i miješajte 3 minute. Umutite mlijeko i pustite da zavrije. Smanjite vatru i kuhajte 5 minuta uz povremeno miješanje. Posolite i popaprite.
c) Otopite 3 žlice maslaca u jakoj srednjoj tavi na srednje niskoj vatri. Dodajte ljutiku i kuhajte dok ne omekša, povremeno miješajući, oko 5 minuta. Dodajte gljive, pojačajte vatru i kuhajte dok sva tekućina ne ispari uz povremeno miješanje oko 10 minuta. Posolite i popaprite. Umiješajte smjesu gljiva u umak. Cool.
d) Zagrijte tavu na srednje jakoj vatri. Dodajte kamenice i miješajte 2 minute. Cool.
e) Zagrijte ulje na 425 stupnjeva. u fritezi ili teškoj velikoj tavi. Istucite jaja da se pomiješaju s 1 žlicom biljnog ulja. Stavite umak oko svake kamenice, oblikujući oblik cigare. Uspite u brašno, otresajući višak.
f) Umočite u smjesu jaja. Uvaljati u krušne mrvice. Pržite u serijama dok ne porumene, oko 4 minute. Izvadite šupljikavom žlicom i ocijedite na papirnatim ručnicima.
g) Rasporedite krokete na pladanj. Ukrasite potočarkom i limunom.

70. Bruskete od kamenica i rajčice

SASTOJCI:
- 1 francuski baguette, narezan i prepečen
- 2 šalice cherry rajčica, prepolovljenih
- 16 svježih kamenica, poširanih ili pečenih na žaru
- Balsamic glazura za prelijevanje
- Listovi svježeg bosiljka za ukras

UPUTE:
a) U zdjeli pomiješajte cherry rajčice sa soli i paprom.
b) Stavite poširane kamenice ili kamenice pečene na žaru na vrh svake prepečene kriške baguettea.
c) Preko kamenica žlicom rasporedite začinjene rajčice.
d) Prelijte glazurom od balzama i ukrasite listićima svježeg bosiljka.
e) Poslužite kao izvrsnu bruschette.

71. Oyster Sushi Svitaks

SASTOJCI:
- 4 lista nori (morske trave)
- 2 šalice riže za sushi, kuhane i začinjene
- 16 svježih kamenica, narezanih
- 1 krastavac, julienned
- Soja umak za umakanje
- Ukiseljeni đumbir za posluživanje

UPUTE:
a) Stavite list norija na podlogu za motanje sushija od bambusa.
b) Preko norija rasporedite tanki sloj sushi riže.
c) Na rižu posložite ploške svježih kamenica i juliened krastavca.
d) Sushi čvrsto smotajte i narežite na komade veličine zalogaja.
e) Poslužite uz soja umak i ukiseljeni đumbir.

72. Crostini s kamenicama i plavim sirom

SASTOJCI:
- Kriške bageta, prepečene
- 16 svježih kamenica, lagano poširanih ili pečenih na žaru
- 1/2 šalice plavog sira, izmrvljenog
- Med za podlijevanje
- Sjeckani orasi za ukras

UPUTE:
a) Stavite lagano poširane ili pečene kamenice na prepečene kriške bageta.
b) Preko kamenica pospite izmrvljeni plavi sir.
c) Prelijte medom.
d) Ukrasite nasjeckanim orasima.
e) Poslužite kao elegantni crostini za doručak.

73. Cajun prženi škampi i kamenice

SASTOJCI:
- 1 funta svježih oljuštenih kamenica
- 1 funta jumbo sirovih škampa, oguljenih i očišćenih
- 2 jaja, lagano umućena odvojeno
- ¾ šalice višenamjenskog brašna
- ½ šalice žutog kukuruznog brašna
- 2 žličice Cajun začina
- ½ žličice limunskog papra

2 šalice biljnog ulja, za prženje u dubokom ulju

UPUTE:
a) Stavite kamenice u srednju zdjelu, a škampe u posebnu zdjelu.
b) Pokapajte jaja po škampima i kamenicama (1 jaje po zdjelici) i provjerite je li sve lijepo obloženo. Odložite posude sa strane.
c) U veliku vrećicu za zamrzavanje sa zatvaračem dodajte brašno, kukuruznu krupicu, Cajun začin i limun papar. Protresite vrećicu kako biste bili sigurni da je sve dobro izmiješano.
d) Dodajte škampe u vrećicu i protresite da se prekriju, a zatim izvadite škampe i stavite ih na lim za pečenje. Sada dodajte kamenice u vrećicu i ponovite postupak.
e) U fritezi ili dubokoj tavi zagrijte biljno ulje na oko 350 do 360 stupnjeva F. Pržite škampe dok ne porumene, otprilike 3 do 4 minute. Zatim pržite kamenice dok ne porumene, otprilike 5 minuta.
f) Stavite plodove mora na tanjur obložen papirnatim ručnikom kako biste lakše upili dio viška ulja. Poslužite s omiljenim umakom za umakanje.

74. Pržene kamenice

SASTOJCI:
- 1 litra oljuštenih kamenica, ocijeđenih
- 1/2 šalice višenamjenskog brašna
- 1/2 žličice soli
- 1/4 žličice crnog papra
- 1/4 žličice kajenskog papra
- 2 jaja, istučena
- 1 šalica krušnih mrvica
- Biljno ulje, za prženje

UPUTE:
a) U plitkoj posudi pomiješajte brašno, sol, crni papar i kajenski papar.
b) U drugoj plitkoj posudi umutite jaja.
c) U treću plitku posudu stavite krušne mrvice.
d) Svaku kamenicu prvo umočite u mješavinu brašna, zatim u razmućena jaja i na kraju u krušne mrvice, otresite višak.
e) Zagrijte biljno ulje u velikoj tavi na srednje jakoj vatri.
f) Pržite kamenice u serijama, oko 2-3 minute po strani, ili dok ne porumene i postanu hrskave.
g) Pržene kamenice ocijedite na tanjuru obloženom papirnatim ručnikom.
h) Poslužite vruće s kriškama limuna i tartar umakom.

75. Ceviche od kamenica i habanera

SASTOJCI:
- 8 oljuštenih svježih kamenica
- 1 žlica nasjeckanog cilantra
- 1 žlica sitno narezane rajčice
- ¼ žličice Habanero pirea
- ½ naranče; vrhovni
- ¼ šalice svježe iscijeđenog soka od naranče
- 1 žlica svježe iscijeđenog soka od limuna
- Sol i papar

UPUTE:
a) Pomiješajte sve sastojke u posudi.
b) Posolite i popaprite.
c) Poslužite u polovicama ljuske kamenice.

76.Zalogaji od slanine i kamenica

SASTOJCI:
- 8 kriški Slanina
- ½ šalice Nadjev začinjen biljem
- 1 limenka (5 oz) kamenice; nasjeckana
- ¼ šalice Voda

UPUTE:

a) Zagrijte pećnicu na 350ø. Ploške slanine prerežite na pola i malo prokuhajte. NEMOJTE SE PREKUHATI.
b) Slanina mora biti dovoljno mekana da se lako mota oko kuglica. Pomiješajte nadjev, kamenice i vodu.
c) Razvaljajte loptice veličine zalogaja, otprilike 16 komada.
d) Kuglice omotajte slaninom. Pecite na 350ø 25 minuta. Poslužite toplo.

77. Kamenice i kavijar

SASTOJCI:
- 2 funte morske trave
- 18 Kamenice, na pola ljuske
- 2 mladi luk
- 2 unce crnog kavijara
- 2 limuna

UPUTE:
a) Rasprostrite alge u ravnu košaru. Ohlađene kamenice u ljušturama rasporedite po algama. Mladi luk tanko narežite na kolutove.

b) Pospite 2 ili 3 komada na svaku kamenicu. Svaku prelijte komadićem kavijara. Poslužite vrlo hladno, popraćeno svježim, tanko narezanim kriškama limuna. Dodajte dobro ohlađen šampanjac.

78.Proljetne rolice od kamenica

SASTOJCI:
- 3 velika omota proljetne rolade
- 6 vodenih kestena, sitno nasjeckanih
- 1 kriška đumbira, sitno nasjeckana
- 3 mlada luka, sitno nasjeckana (uključujući zelene vrhove)
- Nekoliko kapi sezamovog ulja
- 1 žličica svijetlog soja umaka
- 24 kamenice iskliznule iz ljuštura
- Biljno ulje

UPUTE:
a) Svaku proljetnu roladu izrežite na četvrtine.
b) U zdjeli za miješanje pomiješajte sitno nasjeckane vodene kestene, đumbir i mladi luk. Dodajte nekoliko kapi sezamovog ulja i svijetli sojin umak. Dobro promiješajte.
c) Nježno složite kamenice, pazeći da su dobro obložene začinima.
d) Smjesu kamenica ravnomjerno podijelite na kvadrate proljetne rolice.
e) Pažljivo zarolajte svaku proljetnu rolicu, preklopite sa strane da obuhvatite nadjev. Premažite rubove omota vodom kako biste ih zatvorili.
f) U dubokoj tavi ili loncu zagrijte dosta biljnog ulja za prženje.
g) Proljetne rolice pržite na vrućem ulju 2-3 minute ili dok ne postanu zlatne i hrskave.
h) Proljetne rolice izvadite iz ulja i ocijedite ih na zgužvanom kuhinjskom papiru kako biste uklonili višak ulja.
i) Proljetne rolice s kamenicama odmah poslužite.
j) Uživajte u ukusnim proljetnim rolnicama od kamenica!

79. Tempura pržene kamenice

SASTOJCI:
- 12 svježih kamenica
- Biljno ulje, za prženje
- 1 šalica višenamjenskog brašna
- ½ šalice kukuruznog škroba
- ½ žličice soli
- 1 šalica ledeno hladne vode
- Soja umak ili tartar umak, za posluživanje
- Dodaci po izboru: sjemenke sezama, zeleni luk ili kriške limuna

UPUTE:
a) Počnite tako što ćete oljuštiti kamenice i izvaditi ih iz ljuski. Obavezno bacite kamenice koje su se otvorile ili ne izgledaju svježe.
b) Oljuštene kamenice isperite pod hladnom vodom i osušite ih papirnatim ručnicima. Ostavite ih sa strane.
c) Zagrijte biljno ulje u fritezi ili velikom loncu na oko 350°F (175°C).
d) U zdjeli za miješanje pomiješajte višenamjensko brašno, kukuruzni škrob i sol. Postupno dodajte ledeno hladnu vodu, lagano miješajući, dok ne dobijete glatku konzistenciju tijesta. Pazite da ne premiješate; u redu je ako ima nekoliko grudica.
e) Umočite svaku kamenicu u tijesto, pazeći da je ravnomjerno obložena. Pustite da sav višak tijesta kapne prije nego pažljivo stavite kamenice u vruće ulje.
f) Pržite kamenice u serijama, pazeći da ne pretrpate fritezu ili lonac. Kuhajte ih oko 2-3 minute ili dok tijesto za tempura ne postane zlatno i hrskavo.
g) Nakon što su kamenice kuhane, šupljikavom žlicom ili hvataljkama ih izvadite iz ulja i prebacite na tanjur obložen papirnatim ručnicima. To će pomoći upijanju viška ulja.
h) Ponovite postupak s preostalim kamenicama dok sve ne budu kuhane.
i) Poslužite tempura pečene kamenice vruće kao predjelo ili glavno jelo.
j) Možete uživati u njima kakvi jesu ili ih poslužiti sa soja umakom ili tartar umakom za umakanje.
k) Po vrhu pospite sjemenke sezama ili zeleni luk za dodatni okus i ukras. Kriške limuna također se mogu poslužiti sa strane za citrusni okus.

80. Classic Oysters Rockefeller

SASTOJCI:
- 24 svježe kamenice, oljuštene
- 1/2 šalice maslaca
- 1/2 šalice krušnih mrvica
- 1/2 šalice ribanog parmezana
- 1/4 šalice nasjeckanog peršina
- 2 češnja češnjaka, mljevena
- 1 žlica soka od limuna
- Posolite i popaprite po ukusu

UPUTE:
a) Zagrijte pećnicu na 450°F (230°C).
b) U tavi rastopite maslac i pirjajte češnjak dok ne zamiriše.
c) Dodajte krušne mrvice, parmezan, peršin, limunov sok, sol i papar u tavu. Dobro promiješajte.
d) Oljuštene kamenice stavite na lim za pečenje.
e) Svaku kamenicu pospite smjesom od krušnih mrvica.
f) Pecite 10-12 minuta ili dok preljev ne porumeni.
g) Poslužite vruće.

81. Strijelci kamenica

SASTOJCI:
- 12 svježih kamenica, oljuštenih
- 1 šalica soka od rajčice
- 1/4 šalice votke
- 1 žlica ljutog umaka
- 1 žlica hrena
- Kriške limuna za ukras

UPUTE:
a) U posudi pomiješajte sok od rajčice, votku, ljuti umak i hren.
b) Stavite oljuštenu kamenicu u čašu.
c) Prelijte kamenicu mješavinom soka od rajčice.
d) Ukrasite kriškom limuna.
e) Poslužite ohlađeno.

82. Predjela umotana u kamenice i slaninu

SASTOJCI:
- 16 svježih kamenica, oljuštenih
- 8 kriški slanine, prerezanih na pola
- Čačkalice

UPUTE:
a) Zagrijte pećnicu na 400°F (200°C).
b) Svaku oljuštenu kamenicu omotajte polovicom slanine i učvrstite čačkalicom.
c) Stavite kamenice umotane u slaninu na lim za pečenje.
d) Pecite 12-15 minuta ili dok slanina ne postane hrskava.
e) Poslužite vruće kao divna predjela od kamenica umotanih u slaninu.

83. Začinjeni umak od kamenica

SASTOJCI:
- 1 šalica majoneze
- 1/4 šalice ljutog umaka
- 1 žlica soka od limuna
- 1 žličica Worcestershire umaka
- 16 svježih kamenica, oljuštenih i nasjeckanih
- 1/4 šalice zelenog luka, nasjeckanog
- Tortilja čips ili krekeri za posluživanje

UPUTE:
a) U zdjeli pomiješajte majonezu, ljuti umak, limunov sok i Worcestershire umak.
b) Umiješajte nasjeckane kamenice i mladi luk.
c) Ostavite u hladnjaku najmanje 30 minuta da se okusi prožmu.
d) Poslužite pikantni umak od kamenica s tortilja čipsom ili krekerima.

84. Kanapei od kamenica i krastavaca

SASTOJCI:
- 16 svježih kamenica, oljuštenih
- 1 krastavac, tanko narezan
- Kremasti sir
- Grančice kopra za ukras
- Limunova korica

UPUTE:
a) Svaku krišku krastavca namažite krem sirom.
b) Stavite oljuštenu kamenicu na krem sir.
c) Ukrasite grančicama kopra i malo limunove korice.
d) Poslužite kao osvježavajuće kanapee.

85.Salsa tostadas od kamenica i manga

SASTOJCI:
- 16 svježih kamenica, oljuštenih
- 8 malih tostada školjki
- 1 šalica manga, narezanog na kockice
- 1/2 šalice crvenog luka, sitno nasjeckanog
- 1/4 šalice cilantra, nasjeckanog
- Kriške limete za ukras

UPUTE:
a) Na svaku školjku tostade stavite oljuštene kamenice.
b) U zdjeli pomiješajte mango narezan na kockice, crveni luk i cilantro.
c) Žlicom prelijte salsu od manga preko kamenica.
d) Ukrasite kriškama limete.
e) Poslužite kao živopisna tostada predjela.

86. Kamenice i Pesto Crostini

SASTOJCI:
- Kriške bageta, prepečene
- 16 svježih kamenica, oljuštenih
- Pesto umak
- Cherry rajčice, prepolovljene
- Balsamic glazura za prelijevanje

UPUTE:
a) Svaku prepečenu krišku baguettea namažite slojem pesto umaka.
b) Na pesto stavite oljuštenu kamenicu.
c) Ukrasite prepolovljenim cherry rajčicama.
d) Prelijte glazurom od balzama.
e) Poslužite kao aromatični pesto crostini.

87.Jalapeño poppers od kamenica i slanine

SASTOJCI:

- 16 svježih kamenica, oljuštenih
- 8 jalapeño papričica, prepolovljenih i očišćenih od sjemenki
- Kremasti sir
- 8 kriški slanine, prerezanih na pola
- Čačkalice

UPUTE:

a) Zagrijte pećnicu na 375°F (190°C).
b) U svaku polovicu jalapeña namažite krem sir.
c) Na krem sir stavite oljuštenu kamenicu.
d) Svaki jalapeño zamotajte s pola kriške slanine i pričvrstite čačkalicom.
e) Pecite 20-25 minuta ili dok slanina ne postane hrskava.
f) Poslužite vruće kao začinjene jalapeño poppers od kamenica.

88. Guacamole od kamenica i manga

SASTOJCI:
- 16 svježih kamenica, oljuštenih i narezanih na kockice
- 2 zrela avokada, zgnječena
- 1 mango, narezan na kockice
- 1/4 šalice crvenog luka, sitno nasjeckanog
- 1/4 šalice cilantra, nasjeckanog
- Sok od limete
- Tortilja čips za posluživanje

UPUTE:
a) U zdjeli pomiješajte kamenice narezane na kockice, zgnječeni avokado, mango narezan na kockice, crveni luk i cilantro.
b) Preko smjese iscijedite sok limete i dobro promiješajte.
c) Guacamole od kamenica i manga poslužite s tortilja čipsom.

89. Gljive punjene kamenicama i kozjim sirom

SASTOJCI:
- 16 svježih kamenica, oljuštenih
- 16 velikih gljiva, očišćenih i očišćenih od peteljki
- 4 unce kozjeg sira
- 2 žlice krušnih mrvica
- Listići svježeg timijana za ukras
- Maslinovo ulje za podlijevanje

UPUTE:
a) Zagrijte pećnicu na 375°F (190°C).
b) U zdjeli pomiješajte kozji sir i prezle.
c) Svaku gljivu nadjenite smjesom od kozjeg sira.
d) Na svaku punjenu gljivu stavite po jednu oljuštenu kamenicu.
e) Pokapati maslinovim uljem.
f) Pecite 15-20 minuta ili dok gljive ne omekšaju.
g) Ukrasite listićima svježeg timijana.
h) Poslužite toplo.

ŠKOLJKE

90. Školjka dip

SASTOJCI:
- ⅓ šalice Heinz kečapa od rajčice
- 1 pakiranje (8 oz) krem sira; omekšao
- 1 žličica svježeg soka od limuna
- ⅛ žličice češnjaka u prahu
- 1 limenka (6,5 oz) mljevenih školjki; ocijeđeno

UPUTE:
a) Kečap postupno umiješajte u krem sir.
b) Dodajte limunov sok, češnjak u prahu i školjke. Pokrijte i ohladite.

91.Pečene punjene školjke

SASTOJCI:
- 1 limenka Mljevene školjke
- 1 štapić otopljenog margarina
- 4 žlice juhe od školjki
- Prstohvat soli češnjaka
- 3 šalice mrvica Ritz krekera
- 1 žlica šerija
- ½ žličice Worcestershire umaka

UPUTE:
a) Ocijedite školjke i ostavite 4 žlice tekućine. Pomiješajte sve sastojke i punite školjke.
b) Pecite na 350 stupnjeva 15 minuta. Ako nemate školjke, pecite u manjoj posudi za pečenje 20 do 25 minuta i poslužite na krekerima.

92. Popečci od školjki iz konzerve

SASTOJCI:
- 1 jaje; dobro pretučen
- ½ žličice soli
- ⅛ žličice crnog papra
- ⅔ šalice bijelog pšeničnog brašna
- 1 žličica praška za pecivo
- ¼ šalice juhe od školjki u konzervi
- 1 žlica maslaca; rastopljeni
- 1 šalica mljevenih školjki iz konzerve
- Ulje ili pročišćeni maslac
- ¼ šalice kiselog vrhnja ili jogurta
- 1 žličica kopra; estragon ili majčina dušica

UPUTE:
a) Lagano pomiješajte sve sastojke, a školjke dodajte na kraju. Stavite 2 pune jušne žlice po popečci na vruću podmazanu rešetku ili željeznu tavu.
b) Kad popucaju mjehurići, okrenite fritule.
c) Poslužite toplo s malo kiselog vrhnja, jogurta ili tartar umaka.

93. Kuglice od školjki

SASTOJCI:
- 3 konzerve od 6 1/2 oz mljevenih školjki ocijeđenih d
- 3 stabljike celera, mljevene
- 1 luk, mljeveni
- Posolite i popaprite po ukusu
- 6 Tvrdo kuhanih jaja, narezanih na kockice
- ½ funte vlažnih krušnih mrvica
- Ulje za duboko prženje

UPUTE:
a) Dodajte dovoljno vode da dobijete sok od školjki da dobijete 2 šalice. Stavite 1½ šalice soka od školjki, luk i celer u lonac; pirjajte dok celer ne omekša.
b) Dodajte školjke, sol i papar celeru; pirjati 10 minuta. U smjesu luka dodajte jaja, preostali sok od školjki i krušne mrvice.
c) Kad se dovoljno ohladi za rukovanje, oblikujte male kuglice; ohladiti dok se dobro ne ohladi.
d) Zagrijte ulje u fritezi na 350. Pržite okruglice od školjki dok ne porumene.
e) Ocijediti na papirnatim ručnicima; poslužite odmah s čačkalicama.

JAKOBOVE KAPICE

94.Ceviche od lovorovih jakobovih kapica

SASTOJCI:
- 1½ žličice mljevenog kima
- 1 šalica svježeg soka od limete
- ½ šalice svježeg soka od naranče
- 2 funte lovorovih jakobovih kapica
- 1 ljuta crvena čili papričica; sitno nasjeckan
- ¼ šalice crvenog luka; sitno nasjeckan
- 3 zrele rajčice šljive; sjemenke i nasjeckan
- 1 crvena paprika; sjemenke i nasjeckan
- 3 zelena luka; nasjeckana
- 1 šalica nasjeckanog svježeg cilantra
- 1 limeta; narezano, za ukras

UPUTE:
a) U sok limete i naranče umiješajte kumin i prelijte jakobove kapice.
b) Umiješajte nasjeckanu čili papričicu i crveni luk. Pokrijte i stavite u hladnjak na najmanje 2 sata.
c) Neposredno prije posluživanja ocijedite jakobove kapice i pomiješajte s nasjeckanom rajčicom, paprikom, mladim lukom i cilantrom. Ukrasite kriškama limete.

95.Jakobove kapice od bourbon slanine

SASTOJCI:

- 3 žlice mljevenog mladog luka
- 2 žlice burbona
- 2 žlice javorovog sirupa
- 1 žlica soja umaka s niskim sadržajem natrija
- 1 žlica Dijon senfa
- ¼ žličice papra
- 24 velike morske kapice
- 6 kriški pureće slanine; 4 unce
- Sprej za kuhanje
- 2 šalice kuhane riže

UPUTE:

a)   Pomiješajte prvih 6 sastojaka u zdjeli; dobro promiješati. Dodajte jakobove kapice, lagano miješajući da se prekriju. Pokrijte i marinirajte u hladnjaku 1 sat, povremeno miješajući.

b)   Izvadite jakobove kapice iz zdjele i ostavite marinadu. Svaku šnitu slanine narežite na 4 dijela. Oko svake jakobove kapice omotajte komad slanine

c)   Navucite jakobove kapice na 4 (12-inčna) ražnjića, ostavljajući malo prostora između jakobovih kapica kako bi se slanina ispekla.

d)   Stavite ražnjiće na posudu za pečenje tovnih pila premazanu sprejom za kuhanje; pecite 8 minuta ili dok slanina ne postane hrskava, a jakobove kapice gotove, povremeno podlijevajući sačuvanom marinadom

96.Karamelizirane morske kapice

SASTOJCI:
- 12 Morske kapice, prerezane na pola
- 2 unce porto vina
- 1 unca telećeg temeljca
- ½ šalice temeljca od dagnji
- 1 unca maslaca, neslanog
- 2 žličice nasjeckanog tartufa
- 2 žličice soka od tartufa
- 1 žlica ulja lješnjaka
- 12 komada mlade mrkve, glazirane
- 4 unce špinata, pirjanog na maslacu

UPUTE:

a) Porto zapaliti i dodati teleći temeljac, temeljac od dagnji i prokuhati te smanjiti za trećinu.

b) Pomiješajte s jednom ulicom maslaca iu zadnji čas dodajte sok od tartufa i nasjeckane tartufe. Kapesante pirjajte na ulju od lješnjaka na jakoj vatri dok ne porumene.

c) Rasporedite garnituru i jakobove kapice na tanjur i prelijte umakom na tanjur.

RAKOVI

97. Cajun-Stil Crayfish Kuhati

SASTOJCI:
- Živi rakovi (koliko je potrebno)
- 5 galona vode
- 1 šalica Cajun začina
- 1 šalica soli
- 1 šalica cijelog zrna crnog papra
- 1 šalica češnja češnjaka
- 6 limuna, prepolovljenih
- 1 šalica ljutog umaka (po želji)
- Kukuruz u klipu
- Crveni krumpir

UPUTE:
a) Napunite veliki lonac vodom i zakuhajte.
b) U kipuću vodu dodajte začin Cajun, sol, papar u zrnu, češnjak, limun i ljuti umak.
c) Pustite smjesu da kuha 10-15 minuta kako bi se okusi stopili.
d) U lonac dodajte rakove, klip kukuruza i crveni krumpir.
e) Kuhajte oko 5-7 minuta ili dok rakovi ne poprime jarkocrvenu boju, a krumpir omekša.
f) Ocijedite vodu i rasporedite sadržaj na veliki stol prekriven novinama.
g) Poslužite s dodatnim začinima Cajun i kriškama limuna.

98.Rakovi s maslacem od češnjaka

SASTOJCI:
- Živi rakovi
- 1/2 šalice maslaca
- 4 češnja češnjaka, nasjeckana
- 1 žlica nasjeckanog svježeg peršina
- Posolite i popaprite po ukusu
- Kriške limuna za posluživanje

UPUTE:
a) Rakove kuhajte na pari ili kuhajte dok ne budu kuhani. Razbijte ljuske i izvadite meso.
b) U tavi rastopite maslac na srednjoj vatri i pirjajte nasjeckani češnjak dok ne zamiriše.
c) Dodajte meso rakova u tavu i pomiješajte da se premaže maslacem od češnjaka.
d) Pospite nasjeckanim peršinom, posolite i popaprite. Kuhajte još 2-3 minute.
e) Poslužite s kriškama limuna.

99. Tjestenina od rakova

SASTOJCI:
- Kuhani repovi rakova, oguljeni
- 8 oz linguina ili fettuccina
- 2 žlice maslinovog ulja
- 4 češnja češnjaka, nasjeckana
- 1/2 šalice cherry rajčica, prepolovljenih
- 1/4 šalice bijelog vina
- 1/4 šalice pileće ili povrtne juhe
- Pahuljice crvene paprike (po želji)
- Sol i crni papar po ukusu
- Svježi peršin, nasjeckani, za ukras

UPUTE:
a) Skuhajte tjesteninu prema uputama na pakiranju.
b) U velikoj tavi zagrijte maslinovo ulje na srednje jakoj vatri. Dodajte nasjeckani češnjak i pirjajte dok ne zamiriše.
c) U tavu dodajte repove rakova i cherry rajčice. Kuhajte 2-3 minute.
d) Zalijte bijelim vinom i juhom te ostavite da lagano kuha 5 minuta.
e) Začinite listićima crvene paprike (ako koristite), solju i crnim paprom.
f) Kuhanu tjesteninu istresite u tavu i premažite smjesom od rakova.
g) Ukrasite svježim peršinom i poslužite.

100.Etouffee od rakova

SASTOJCI:

- 1 lb repova rakova, oguljenih
- 1/2 šalice maslaca
- 1/2 šalice višenamjenskog brašna
- 1 glavica luka sitno nasjeckana
- 1 paprika, nasjeckana
- 2 stabljike celera, nasjeckane
- 3 češnja češnjaka, nasjeckana
- 2 šalice pileće ili povrtne juhe
- 1 konzerva (14 oz) rajčice narezane na kockice
- 1 žlica Worcestershire umaka
- 1 žličica Cajun začina
- Kuhana bijela riža za posluživanje

UPUTE:

a) U velikoj tavi otopite maslac na srednje jakoj vatri. Umiješajte brašno da napravite zapršku i kuhajte dok ne porumeni.
b) U tavu dodajte nasjeckani luk, papriku, celer i češnjak. Kuhajte dok povrće ne omekša.
c) Postupno dodajte pileću ili povrtnu juhu, neprestano miješajući da se ne naprave grudice.
d) Umiješajte rajčice narezane na kockice, Worcestershire umak i Cajun začin. Pirjajte 10-15 minuta.
e) Dodajte repove rakova i kuhajte dok se ne zagriju.
f) Poslužite etouffee preko kuhane bijele riže.

ZAKLJUČAK

Dok završavamo naše oceansko putovanje kroz " Cjelovita Kuharica Školjki ", nadamo se da ste iskusili radost istraživanja raznolikog i slatkog svijeta školjkaša. Svaki recept na ovim stranicama slavljenje je slanih, slatkih i slanih okusa koji definiraju ovo podvodno blago - svjedočanstvo kulinarskih mogućnosti koje nude školjke.

Bilo da ste uživali u jednostavnosti savršeno oljuštenih kamenica, prihvatili svestranost škampa na žaru ili uživali u dekadentnim jelima od jastoga, vjerujemo da su ovi recepti zapalili vašu strast za stvaranjem nezaboravnih i ukusnih jela od školjki. Osim sastojaka i tehnika, neka " Cjelovita Kuharica Školjki " postane izvor inspiracije, poveznica s blagodatima oceana i slavlje radosti koja dolazi sa svakim stvaranjem školjki.

Dok nastavljate istraživati svijet kuhinje od školjki, neka ova kuharica bude vaš pouzdani suputnik, vodeći vas kroz niz recepata koji prikazuju bogatstvo i svestranost ovih oceanskih užitaka. Evo za uživanje u slanoj svježini, stvaranje kulinarskih remek-djela i prihvaćanje slasti koja dolazi sa svakim zalogajem. Sretno kuhanje!

www.ingramcontent.com/pod-product-compliance
Lightning Source LLC
Chambersburg PA
CBHW071322110526
44591CB00010B/993